歴史文化ライブラリー

490

明智光秀の生涯

諏訪勝則

吉川弘文館

目 次

明智光秀の足跡を辿る——プロローグ

1　明智光秀の足跡を辿る

歴史学者の視点から明智光秀の生涯（人物伝）について、初めて著作がなされたのは、高柳光寿氏による『明智光秀』（一九五八年、吉川弘文館）であろう。高柳氏は、この序文において、「それにしても本能寺《ほんのうじ》の変・山崎《やまざき》の戦以前の光秀を書くということは決して容易なことではない。この困難が光秀の伝記を今日まで作らせなかったのではないかと思う」と述べている。まさに、光秀といえば本能寺の変であるが、その行動の明確な動機は、いまだもって解明されていない。別言するならば、残存する史料からその真因を解析することは、不可能な観さえある。

ところで、光秀の足跡については、本能寺の変からさほど時が経ない頃に大村由己《おおむらゆうこ》によって『惟任謀反記《これとうむほんき》（惟任退治記《これとうたいじき》）』が記されている。江戸時代中期には、『明智軍記《あけちぐんき》』が記された。この『明智軍記』の内容の多くは、創作であり、史料としての価値の低さについては、あらためて述べるまでもない。

江戸時代を通じて、光秀の事績に関しては、「本能寺の変」との関わりを中心に語られてきた。本能寺の変の要因として、織田信長《おだのぶなが》の光秀に対する冷遇が事件を引き起こしたという「怨恨説」が主流をなしていた。たとえば、儒学者の頼山陽《らいさんよう》によって記された『日本《にほん》外史《がいし》』において、信長の功績については、一定の評価をしつつも横暴な振舞をあげ、これが原因であるとしている。

明治時代から昭和初期にかけても依然としてこの怨恨説が主流をなしていた。田中義成氏（『織田時代史』、一九二四年、明治書院）・花見朔巳氏（『安土桃山時代史』、一九二九年、内外書籍）・田中久夫氏（『新講大日本史5　室町安土桃山時代史』、一九四三年、雄山閣）といった歴史学者により怨恨説を中心に光秀と本能寺の変について論説がなされてきた。

そして、昭和三十年代に前掲の『明智光秀』が高柳氏により上梓された。当著は、『兼《かね》見卿記《みきょうき》』『言継卿記《ときつぐきょうき》』『言経卿記《ときつねきょうき》』『御湯殿上日記《おゆどののうえのにっき》』『多門院日記《たもんいんにっき》』『蓮成院記録《れんじょういんきろく》』『家《いえ》忠日記《ただにっき》』等の古記録《こきろく》や『吉川家文書《きっかわけもんじょ》』『上杉家文書《うえすぎけもんじょ》』等の書状類の一次史料といわれるものを基本史料として、実証的に光秀の実像に迫ろうとしたもので、高柳氏は、これまで唱えられてきた怨恨説の根拠となる事例を否定し、光秀が天下を狙ったという野望説を主張したのである。

その後、高柳氏と並び戦国史研究の大家ともいえる桑田忠親氏が『織田信長』（一九六四年、角川書店）・『明智光秀』（一九七三年、新人物往来社）を著した。桑田氏も高柳氏と同様に一次史料をベースに光秀の事績を究明しようとしたものである。桑田氏は、ルイス・フロイスの『日本史』に記された、信長が自己の命に口答えした光秀を足蹴にしたという事例を挙げ、主君に対する遺恨が存在したことを指摘している。そして、桑田氏は、怨恨というよりも武道の面目を立てることが主な目的であったと述べている。

かくして、高柳・桑田両氏の著作により光秀の事績の概略が示された。本能寺の変の要因については、見解の分かれるところである。

両著以降、光秀に関連する新たな史料の登場や、関係史料集（自治体史を含む）の編集刊行が行われ、光秀の動向がより明らかになってきている。奥野高広氏の『織田信長文書の研究』（上巻は一九六九年、下巻は一九七〇年、補遺・索引は一九八八年、吉川弘文館、以下『信長文書』とする）は、光秀研究の一助となるものである。本書『明智光秀の生涯』では奥野氏の蒐集した史料をベースとして論考を進めることにしたい。なお谷口克広氏による『織田信長家臣人名辞典』（初版一九九五年、二版二〇一〇年、吉川弘文館、以下『信長家臣』とする）をはじめとする一連の信長の家臣団研究は、光秀を研究する上での貴重な情報を提示している。

高柳・桑田両著以降、光秀研究が活発になったのは、立花京子氏の「本能寺の変と朝廷―『天正十年夏記』の再検討に関して―」（『古文書研究』三九、一九九四年）により、誠仁《さねひと》親王を中心とした「朝廷関与説」が提示されてからではなかろうか。ついで、藤田達生氏が「織田政権から豊臣政権へ―本能寺の変の歴史的背景―」（『年報中世史研究』二一、一九九六年）において将軍足利義昭《あしかがよしあき》の関与を示したのである。そして、谷口克広氏は、この「朝廷関与説」「足利義昭関与説」の両説を否定した上での、信長の四国対策の転換に原因を求めた（『検証本能寺の変』、二〇〇七年、吉川弘文館）。谷口・藤田両氏は、活発に自己の見解を提示している。藤田氏は、『証言本能寺の変―史料で読む戦国史―』（二〇一〇年、八木書店）を上梓し、これまでの研究成果をまとめている。

その他に本願寺《ほんがんじ》教如《きようによ》を首謀者とする説があるなど、さまざまな見解が提示されている。

ところで、昨今、光秀の事績を研究する上で二つの重要な出来事があった。

一つ目は、二〇一四年六月に公表された石谷家文書《いしがい》の登場である。石谷家は、美濃土岐《みのとき》氏の一族であり、室町幕府の奉公衆《ほうこうしゅう》として、天正の頃には、石谷光政《みつまさ》・頼辰《よりとき》が活動した。頼辰は、光秀の重臣斎藤利三《さいとうとしみつ》の兄で、光政の後継として石谷家の養子となった。そして、光政の娘は、土佐長宗我部元親《とさちょうそがべもとちか》と結婚し信親を儲けている。石谷・斎藤・長宗我部の三家は姻戚関係になる。頼辰・利三・元親は緊密に交流していた。本能寺の変の直前の五月二十一日に元親から利三に出された書状は、重要な情報を提供してくれる。この石谷家文書は、『石谷家文書　将軍側近のみた戦国乱世』(二〇一五年、吉川弘文館)として活字化され、光秀研究の重要な資となっている。

二つ目は、藤田達生・福島克彦氏編による『明智光秀』(史料で読む戦国史③、二〇一五年、八木書店)が出版され、光秀関係の史料が編纂されたことである。あらためて光秀関係の史料を細密に検証するための史料集である。

なお、次の二点も光秀研究のための重要な書籍である。

一点目は、二木謙一氏編『明智光秀のすべて』(一九九四年、新人物往来社)が挙げられる。当著には、米原正義氏による「文化人としての明智光秀」が採録されており、光秀を文化人としての立場から緻密に分析がなされている。その他の論考も光秀の動向を丁寧に説明している。

二点目は、藤井讓治編『織豊期主要人物居所集成』（初版二〇一一年、二版二〇一七年、思文閣出版）は、光秀をはじめ織田信長・足利義昭等主要人物の居所の概略を示しているので、研究の参考となっている。

高柳氏の『明智光秀』が出されてから、六十余年が過ぎた。これまでの歴史学者の研究業績を踏まえて、あらためて光秀の足跡を辿ってみたい。併せて、本能寺の変に関する諸説について再検討するとともに、筆者としての見解を示すこととしたい。

栄達への軌跡

歴史舞台に登場するまで

不明な出自

明智光秀の生没年・系譜については、これまでの研究のとおり判然としていない。生没年については、主に以下の情報が知られる。

○享年六十七歳（永正十三年ないし十三年生誕）……『当代記《とうだいき》』

○享年五十五歳（享禄元年生誕）……「明智系図」（『続群書類従《ぞくぐんしょるいじゅう》』所収系図）・「明智一族宮城家相伝系図書」・『明智軍記《あけちぐんき》』

両説では、一回り違うこととなる。現代において、六十七歳といえば決して老齢ではないのだが、当時としては、どうであろうか。享年を五十七、七十歳とする説もある。五十歳以下ではないので、光秀が織田信長《おだのぶなが》より年上であるとみてよいであろう。

「土岐系図」（『続群書類従』所収）等の系図類では、光秀の父の名をそれぞれ「明智監物助光国《けんもつのすけみつくに》」・「明智玄蕃頭光隆《げんばのかみみつたか》」・「明智安芸守光綱《あきのかみみつつな》」・「明智玄蕃頭光綱」等としているが定かなことは分からない。母親についても不明である。出生地については、美濃多羅尾《みのたらお》城などとする。

いずれにしても不確実な情報であり、光秀の生没年・父母の名・出生地に関する個人データの確定については、確実な証明資料（史料）の登場を待つしかない。

高柳氏『明智光秀』では、光秀の家は土岐《とき》氏の庶流ではあるが、文献に出るほどの家ではないとし、羽柴《はしば》（木下《きのした》）秀吉《ひでよし》ほどの微賤ではないが、低い身分から身を起こしたと見解を示している。また、桑田氏『明智光秀』では、土岐氏の庶流に属する明智氏の子孫であるにしても、明智光綱の息子であるとは断定できないとし、父親の名前さえはっきりとしないほどの低い身分とし、美濃出身であるにしても名族明智の直系ではないという考え方を示している。

むろん、信長の家臣で光秀のように出自が不明確である者は決して珍しいことではない。黒田官兵衛孝高《くろだかんべえよしたか》の場合は、祖父まで遡ることが可能で、これはむしろ例外だ。さらに細川《ほそかわ》藤孝《ふじたか》のような家柄は稀である。

ところで、光秀が美濃の出身という根拠は、『兼見』元亀三年（一五七二）十二月十一日条に「明智十兵衛尉折帋を以て申し来りて云わく、濃州より親類の方申し上ぐる也」と記されており、美濃に親族がいることから光秀は美濃出身と考えられる（『信長家臣』・『織豊期主要人物居所集成』所収「光秀居所」）。また、『立入《たてり》左《さ》京亮《きょうのすけ》入道《にゅうどう》隆佐《りゅうさ》記《き》』の「美濃国住人、ときの随分衆也」という記述は、光秀が美濃出身で土岐氏の家臣であったことを補う情報といえる。また、光秀の重臣斎藤利三《さいとうとしみつ》が美濃出身ということから、光秀も美濃国に縁があって利三との関係が成り立っていたと考えて間違いないであろう。ちなみに、利三と美濃三人衆の一人稲葉《いなば》良通《よしみち》（一鉄《いってつ》）は姻戚関係である。そして、既述のように利三の実兄頼辰《よりとき》は土岐氏の一族石谷《いしがい》家に養子入りしている。また、光秀の室も美濃妻木《つまき》氏出身である。この妻木氏は、土岐明智氏の庶流と考えられる。土岐明智氏については、三宅唯美氏の研究がある（三宅巻末参考文献、以下巻末参考文献の略称は、「○○巻末」とする）。土岐明智氏の妻木郷における領主制は、初代美濃国守護《しゅご》土岐頼貞《よりさだ》（暦応二年、一三三九年没）の孫の頼重《よりしげ》が地頭職《じとうしき》を与えられたのに始まる。土岐明智氏は幕府の奉公衆《ほうこうしゅう》として、将軍権力の一翼を担っていたこともある。土岐明智氏は、一族間の相克を経て、庶流の妻木氏が勢力を得て妻木城主になったとみられる。

美濃国における光秀の関係地としては、可児市と恵那《えな》市明智町が著名だが、光秀との関係を証明するのは難しい。

早島大祐氏により紹介された『松雲公採集《しょううんこうさいしゅう》遺編類纂《いへんるいさん》』所収の「戒和上昔今禄」によると、光秀の先祖は、足利尊氏《あしかがたかうじ》の御判御教書《ごはんみぎょうしょ》を所持していたようである（早島巻末）。先祖が誰を指すかは不明であるが、光秀の家系は、将軍の御教書を所持するほどの威勢を誇っていたことを示すものといえよう。興福寺《こうふくじ》と東《とう》大寺《だいじ》をめぐる相論に際し、光秀が信長から裁定を任された際に、先祖は御判御教書を拝領する家筋であると語っている。なお、後述するようにこの相論の際に光秀の妹で信長の側室「ツマキ」が登場する。

図1　明智光秀（本徳寺所蔵）

土岐文化圏

織豊期において、最高の武家文人といえば、細川幽斎《ゆうさい》（藤孝）であろうが、黒田官兵衛孝高も文武両道を兼ね備えた名将の一人として挙げられる。この官兵衛は、幼少期より学問に励み、生涯にわたって文芸活動に携わったのである（諏訪巻末）。文芸活動においてその実績が官兵衛に勝るとも劣らないのが光秀であろう。光秀の文芸活動については、後述することにして、以下の事柄について触れておきたい。

文芸的な素地は一朝一夕に身につくものではなく、光秀も孝高同様に、幼い頃から、教養高き知識層の許で育ち、文芸に関する修養に努めたとみて間違いないであろう。決して低い階層の出身ではないと考えられる。それでは、光秀の教養は、どのような環境下で育まれていったのであろうか。私は、光秀が美濃土岐氏の文化圏にその淵源を求められると思料する。土岐氏の文芸活動については、米原正義氏が著書『戦国武士と文芸の研究』において詳述している。土岐氏は、清和源氏《せいわげんじ》の頼光《よりみつ》流で鎌倉末期に土岐頼貞が美濃守護に補されてから、同国における文芸活動の中核として歴代土岐当主が牽引役を果たした。鎌倉時代末に美濃守護となった頼貞は、玉葉《ぎょくよう》・風雅《ふうが》・新千載《しんせんざい》・新拾遺《しんしゅうい》・新後拾遺《しんごしゅうい》の各勅撰《ちょくせん》和歌集《わかしゅう》に入集するなど、「歌人、弓馬上手」と伝えられる（『尊卑分脈《そんぴぶんみゃく》』）。頼遠《よりとお》・頼康《よりやす》・康行《やすゆき》・頼世《よりよ》・頼益《よります》・成頼《しげより》と受け継がれ、政房《まさふさ》の代には、中世随一の文学者である公家の三条《さんじょう》西実隆《にしさねたか》との交流が見られるなど文芸活動が活発に行われた。土岐氏歴代の文芸活動において、公家の飛鳥井雅親《あすかいまさちか》や連歌師《れんがし》の宗長《そうちょう》をはじめとする多くの中央文人が美濃に来訪し高度で華やかな文芸が展開されていた。

また、守護代《しゅごだい》斎藤一族の文芸活動も看過できない。累代の斎藤氏の中でも土岐成頼の守護代として権勢を誇った妙椿《みょうちん》（利長《としなが》の子、または利長の弟）やその猶子利国《ゆうしとしくに》（持是院《じぜいん》・一超妙純《いっちょうみょうじゅん》）、そして利綱《としつな》（利国弟カ）が特筆すべき事績を遺した。たとえば、利綱は、連歌師宗祇より『古今集』の写本を入手するなど歌学に親しんだ。また、『新撰菟玖波集』に三句採用されるなど、連歌の人でもあった。

かくして、美濃国において土岐・斎藤氏により文芸活動が盛んに行われ、家臣たちもこぞって嗜んだのである。光秀の文芸的な素養が美濃国の出身に由来すると考えられるとともに、彼が文芸に秀でていたからこそ美濃出身という考え方も成り立つのではなかろうか。

足軽衆

永禄十一年（一五六八）に信長に仕えるまでの光秀の正確な動向は不明であるが、『綿考輯録《めんこうしゅうろく》』には、光秀が信長に仕えるまでの記述がみられる。

光秀は、土岐頼兼《よりかね》の後裔で、この系統は代々美濃に居住した。光秀の父親は明智城で戦死した。そこで、光秀たちは難を逃れるため、身を隠した。その後、朝倉義景《あさくらよしかげ》に仕え五百貫の地を得たとされる。そして、細川藤孝が、朝倉家に逗留中に光秀と交流があったと記されている。おそらく事実を伝えているのではないかと推定できる。なお、『遊行三十一祖《ゆぎょうさんじゅういっそ》京畿御修行記《けいきごしゅぎょうき》』によると、光秀は、朝倉氏の許、称念寺《しょうねんじ》（福井県坂井市）門前に十年ほど在住していたようだ。

光秀は、朝倉氏の許にいる間に足利義昭《あしかがよしあき》（覚慶《かくけい》・義秋）と出会い、家臣となったのであろう。

光秀の動向を示唆する史料として「光源院殿《こうげんいんどの》御代当参衆并《ならびに》足軽以下覚書」が挙げられる。「永禄六年諸役人附」として『群書類従《ぐんしょるいじゅう》』にも所収されている史料である。この史料の後半部分については、十五代将軍となる足利義昭に随従する人々であることが指摘されている（長節子・黒嶋敏巻末）。

本史料は、永禄十年から同十二年五月までの間に作成されたものとされる。この史料には、足軽衆として「山口勘介・三上・一卜軒・移飯《いめし》・沢村・野村越中《えっちゅう》守・内山弥五太兵衛尉・丹彦十郎・長井兵部少輔・薬師寺《やくしじ》・柳本・玖蔵主・森坊・明智」の名が列記されている。ここにみられる「明智」を光秀に捉えて間違いないと思われる。足軽といっても、下級の武士層を指すものではない。

たとえば、山口甚介（勘介）は、諱《いみな》を秀景《ひでかげ》と称し、もともと公家の葉室家《はむろけ》の侍で、その後、将軍義昭に仕えた人物である（『信長家臣』）。『言継』元亀元年（一五七〇）九月二十七日条には、「武家（義昭）御足軽山口甚介根本葉室内」と記されており、甚介のように公家に奉公するなど相応の立場の者が足軽衆に名を連ねていたことが分かる。

その他の足軽衆として、薬師寺は薬師寺《やくしじ》弼長《すけなが》、柳本は、柳本《やなぎもと》弾正忠《だんじょうのじょう》秀俊《ひでとし》に比定できる。薬師寺家・柳本家は、細川家の有力家臣である。柳本秀俊は、永禄八年十月十二日付で東寺《とうじ》に禁制《きんぜい》を出すなど、義昭の近臣として活動していたことが知られる（「東寺《とうじ》百合文《ひやくごうもん》書《じょ》」）。そうなると、光秀はこれらの人々に交じって名を連ねるからには、将軍の側近になるのに相応しい資質・素性であったと思料する。

なお、光秀と細川藤孝とのこの時期の立場の相違いについて触れておきたい。後述するように藤孝が丹後《たんご》を経略する際は、光秀が指導的な立場であったが、「光源院殿御代当参衆并足軽以下覚書」の記された時期の両者の立場は、藤孝が相伴衆《しょうばんしゅう》であるのに対して、光秀は、足軽衆である。二人の立場は逆である。

また、『多門院』の天正十年（一五八二）六月十七日条に「惟任《これとう》日向守《ひゅうがのかみ》ハ（中略）細川ノ兵部太夫カ中間《ちゅうげん》ニテアリシヲ引き立て、中国ノ名誉ニ信長厚恩ニテ之を召し遣わさる、大恩を忘れ曲事《くせごと》を致す、天命かくの如し」とあることから、光秀が藤孝の中間であったことが当時の人々に知られていたという指摘がある（早島大祐「細川藤孝の居所と行動」『織豊期主要人物居所集成』)。『多門院』の当該期の記主(英俊《えいしゅん》に比定)は、もともと光秀が藤孝の中間であったと把握していたようだ。

朝倉氏との接点

光秀が朝倉《あさくら》氏の許にいたと想定される「一乗谷《いちじょうだに》の朝倉文芸」は、美濃国の盛況さを上回るといっても過言ではない。戦国大名としての地位を確立した孝景《たかかげ》(敏景《としかげ》・教景《のりかげ》)は、連歌《れんが》・和歌《わか》・儒教《じゅきょう》等に通じていた。氏景《うじかげ》(孝景子)・貞景《さだかげ》(氏景子)の時代に朝倉文芸は進展し、孝景(貞景子)の時に最盛期を迎えた。そして義景で終焉を迎えたのである。

光秀は、美濃国で培った教養人としての素養があったからこそ義賢《よしかた》をはじめとする朝倉氏の人々に受け入れられたと思料する。そして、足利義昭にも採用されたのであろう。

美濃国土岐氏や斎藤氏は、一族の内紛等もあり、勢力を維持する上でも朝倉氏と絶妙な姻戚関係を結んでいる。朝倉貞景の室は、斎藤利国の娘で、利国は孝景から軍事的な支援を受けている。貞景の娘(孝景の妹)は、土岐頼武《よりたけ》の妻となったとされ、この頼武も朝倉氏を頼っている。朝倉氏は、土岐氏や斎藤氏の内紛の際に、援助と介入を行っている。土岐氏および斎藤氏の一族の勢力の移り変わりごとに朝倉氏は、味方でもあり敵でもあった。いずれにしても、隣国において土岐・斎藤・朝倉氏は不即不離の近しい関係であることは間違いない。美濃・越前《えちぜん》間で人的な交錯と文化の交流が図られたのである。

光秀は、美濃から隣国越前朝倉氏のもとに移ることができたのもこのような関係があったからであろう。なお、光秀の文芸活動については、彼の事績を振り返る上で随時触れることにして、本書後段において、総合的に検討したい。

高柳氏『明智光秀』では、天正元年（一五七三）八月二十二日付で光秀から越前国の服部七兵衛尉に宛てた書状が、光秀が越前にいたことを示すものと推定しているものの（『武家事記』、『大日本史料』）、高柳氏は断定しているわけではない。その書状の内容は、「竹」なる人物の身上に関して奔走してくれたことに関して光秀から恩賞《おんしょう》として百石を与えるというものである。高柳氏は、光秀が百石を与えるからには、両者の関係は相当深かったとし、光秀は朝倉氏の許にいた頃の近親を越前に残して来たかも知れないと推論している。もし、この史料が光秀と越前との接点になる情報ならば非常に興味深いものであるが、高柳氏が述べるように推論の域は超えない。

初見史料か

発給年が未詳の九月十五日付で光秀と丹羽長秀《にわながひで》の連署状《れんしょじょう》の写しが伝来する（「常在寺文書」）。奥野高広氏は、永禄七年に出されたものとし、光秀発給文書の初見としている（奥野高広巻末）。しかし、署名が「日向守光秀」となっていることから

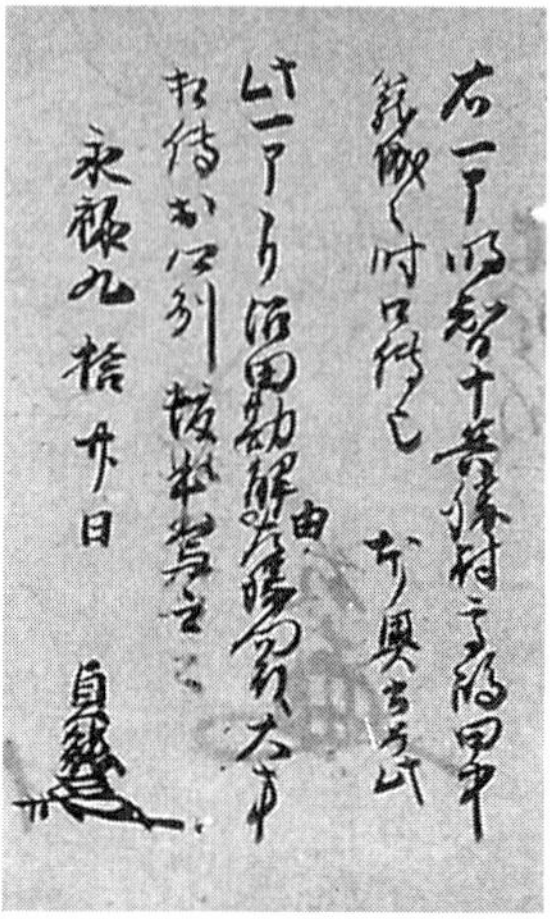

図2　『針薬方』奥書
（個人蔵）

となどから、この文書については、先学諸氏により疑問が出されている。再検討の余地があると思う。

永禄九年十月二十日以前の光秀の行動を確認できそうな史料が示されている（村井祐樹巻末）。永禄九年十月二十日に書写されたことが奥に記された『針薬方《はりくすりかた》』という医薬書が存在する。これには「右一部、明智十兵衛尉高嶋田中籠城の時口伝《くでん》也」という奥書《おくがき》を持つ沼田勘解由《かげゆ》左衛門尉所持本を米田《こめだ》貞能《さだよし》が坂本《さかもと》において写したとある。『針薬方』は、書状類（「米田文書」）の紙背に記されている。これらの事柄が事実を伝えているならば、光秀は、近江《おうみ》国田中城（滋賀県高島市）に籠城しており、医術にも通じていたこと考えられる。したがって光秀の活動の証跡は、永禄九年よりいくばくか遡ることとなる。なお、細川藤孝の画策で、米田求政《もとまさ》（貞能）が医療で覚慶（足利義昭）に近づいたらしい（奥野巻末）。求政が医術を身につけていたことが想定され、光秀の永禄九年以前の行動を裏付けるものといえよう。また、この米田求政については、永禄十二年、細川藤孝に仕え、元亀元年（一五七〇）十一月二十三日求政の許で藤孝・里村紹巴《さとむらじょうは》による百韻連歌《ひゃくいんれんが》を催している（『綿考輯録』、米原巻末）。この求政の系統がのちの熊本藩家老米田家となった。

なお、十七世紀後半にできた『淡海温故録』には、光秀が犬上《いぬかみ》郡佐目で生誕したことが記されている（井上優巻末）。今後の検討が必要かと思われる。

両雄の会見

　永禄八年（一五六五）五月十九日、第十三代将軍足利義輝《よしてる》が三好三人衆《みよしさんにんしゅう》（三好長逸《ながやす》・宗渭《そうい》、石成友通《いしなりともみち》）らに暗殺された後、松永久秀《まつながひさひで》らによって興福寺一条院《いちじょういん》に幽閉されていた弟の覚慶は、同年七月二十八日に同所からの脱出に成功した。

細川藤孝は、十月二十八日に、近江和田《わだ》（滋賀県甲賀市）から薩摩島津《さつましまづ》氏に助勢を求める書状を認めている。以後、基本的に藤孝は、覚慶（義秋・義昭）の許にいたとみられる（早島大祐「細川藤孝の居所と行動」『織豊期主要人物居所集成』）。十一月二十一日に覚慶は、矢島（滋賀県守山市）に移った。翌九年二月十七日に覚慶は、還俗《げんぞく》し義秋と改めたのである。そして、義秋は若狭《わかさ》国武田《たけだ》氏の許から越前国敦賀《つるが》を経て、十一月二十一日、一乗谷の朝倉氏の許へ向かっている。翌十年四月、義秋は元服して、義昭と改名した。この年、義昭は朝倉氏の許で時を過ごした。

　光秀と義昭の接点は、両者が朝倉氏の許にあった頃からと考えて間違いないであろう。

図３　足利義昭（東京大学史料編纂所所蔵）

先に触れた「光源院殿御代当参衆并足軽以下覚書」にみられる足軽衆の「明智」が義昭に随従する光秀を示すのであろう。光秀が義昭に受容されたのは、朝倉氏の場合と同様に資質が備わっていたからこそと思われる。

　永禄十一年七月二十五日、ついに義昭は美濃国立政寺《りゅうしょうじ》（岐阜県岐阜市）において織田信長と面会を果たしたのである。

　『綿考輯録』では、義昭と信長の初めての接触の際、光秀も一役担ったことになっている。『公記』には光秀の名前はみられないが、おそらく光秀もこの場にいたと想定される。

　信長は、八月、「弾正忠《だんじょうのじょう》」と改称している。九月七日、岐阜を進発した。ついで十二日に箕作《みつくり》城（滋賀県東近江市）、十三日に観音寺山《かんのんじやま》城（同県近江八幡市《おうみはちまんし》）を攻めた。二十九日に勝竜寺《しょうりゅうじ》城（京都府長岡京市）・芥川《あくたがわ》城（大阪府高槻市）を攻略し、翌三十日、信長は義昭とともに芥川城に入った。十月二日、摂津《せっつ》国池田《いけだ》城（大阪府池田市）を攻めている。同月十四日、義昭は京都六条本圀寺《ろくじょうほんこくじ》に移り、信長は清水寺《きよみずでら》に着陣《ちゃくじん》した。二十三日、義昭の御座所である細川邸における能の会に参席している。信長は、同月二十八日に京都を出発し、二十八日に岐阜に戻っている。

連歌を嗜む

信長が入京して以降の光秀の動向の詳細については、不明であるが、次に示す連歌会から推察すると、主に京都に留まっていたと考えられる。

十一月十五日、光秀は明院良政《みょういんりょうせい》の発句「雲に月ひかり隔てぬ霞哉」に始まる何路百韻連歌会に参会している。光秀（六句）・良政（十句）のほか、細川藤孝（十一句）・里村紹巴（十二句）・里村昌叱《しょうしつ》（十一句）・聖護院道澄《しょうごいんどうちょう》（十一句）・飛鳥井雅敦《あすかいまさあつ》（七句）・清誉《しんよ》上《しょう》人《にん》（八句）・心前（九句）・玄哉《げんさい》（九句）・知安（六句）の名前が確認できる（『連歌総目録』、一九九七、明治書院）。中央における連歌会の総師里村紹巴とその一門を中心とした会である。光秀の僚友となる当代最高の武家文人藤孝が出席している。したがって、この連歌会は、中央文人の参席する格式高いものである。

また、発句を詠んだ明院良政は、信長の右筆《ゆうひつ》として活動し、信長の上洛後、山城の治政に当たった。良政は、信長が岐阜に戻ってからは、佐久間信盛《さくまのぶもり》・村井貞勝《むらいさだかつ》・丹羽長秀・木下秀吉とともに都に残った。そして、良政と貞勝は、京の行政事務や禁裏《きんり》・幕府との連絡調整業務に携わり、信盛・長秀・秀吉は主に治安の維持に当たった（『信長家臣』）。そして、信盛・貞勝・長秀・良政・秀吉の五千余の兵が駐屯し、反信長勢力に対する警衛を執り行った（『多門院』）。

当該の連歌会は、光秀にとってさまざまな意味合いがある。私は、主に次の二点を指摘しておきたい。

一点目は、上洛後間もない段階において、中央文人と交流をしていることである。連歌を詠むためには、高い教養が必要であることは、あらためて述べるまでもない。光秀は、この段階ですでに連歌に関する知識・技量を身につけていたことになる。朝倉氏のもとに逗留していた際には、さまざまな連歌会に出席し、武人としての教養を披露していたとみて間違いないであろう。その基礎は、美濃で育ちその幼少期に育まれたと考えられる。

二点目は、信長の右筆として、この時期に庶政にあたった良政と交流するからには、光秀も織田政権において早い頃から相応の立場につき、職務を遂行していたことが分かる。

二つの文書

一点目の文書である。十一月十四日付で光秀は、村井貞勝と連署で上賀茂《かみがも》の惣中《そうちゅう》に書状を出している（「吉田文書」、『信長文書』補遺一三）。出された年は不明である。

当所寺社領の事、有り来りのごとく、意義（ママ）なく仰せ付けられ候、其意を得られ、全く領知有るべき事尤もに候、然らば、各《おのおの》相談ぜられ、急《きつ》と罷《まか》り出で、御礼申し上げられ候、其為に此のごとくに候、恐々謹言《きょうきょうきんげん》

霜月十四日　明智　光秀在判

村井　貞勝　同

上賀茂

惣御中

この文書は、原文書を写したものであるが（『吉田文書』）、正文《しょうもん》と考えられる文書も存在する（『賀茂別雷神社文書《かもわけいかずちじんじゃもんじょ》』）。両書を比較すると、原文書を的確に書写したことが分かる。『信長文書』の解説では、永禄十一年十一月十二日、幕府は、賀茂《かも》社に対して社領《しゃりょう》を安堵《あんど》しており（『鳥居大路良平氏文書』）、これを受けて上賀茂惣に対して社領の安堵を伝え、信長への伺候を促したと説明している。したがって同年発給となる。奥野氏の指摘通りで

あれば非常に興味深い史料となる。その理由として、光秀が発給した書状類の初見史料とみられること。そして、信長が上洛してから一ヶ月後には、光秀は貞勝とともに庶政に当たったとみられ、早い段階から光秀は、信長から重要な仕事を任されたことになる。『信長家臣』の解説では、十一月十四日付の上賀茂惣中宛の書状を初見とし、翌十二年にかけて何点かの二人の連署状がみられるとしている。ただし、同書で例示した史料の中には、発給年が確定できないものが含まれている。光秀と貞勝の連署をもって京都の庶政に当たるのは、天正元年十月頃から同三年七月頃までという点を勘案すると一点目の十一月十四日付の連署状の発給年については保留といわざるをえない。

二点目の文書は、高柳光寿氏『明智光秀』において、永禄十一年に出されたと仮定している八月十四日付の細川藤孝宛の信長の書状である（「革島《かわしま》文書」、『大日本史料』、『信長文書』補遺二九）。その内容は「（私信長は）義昭の示した条々を了承した。その条書《じょうしょ》の頭書も検討したので明智光秀に指令した。これらのことを（あなた藤孝は）義昭によろしく伝えて欲しい」というものである。高柳氏は、もし十一年とすると光秀の良質史料の初見ともなると記している。『大日本史料』は元亀二年の項に収録している。奥野氏も元亀二年と推定している。この文書の内容からすると光秀が義昭の主従関係を維持しつつも、信長の家臣として働いている状況であり、元亀二年頃に比定するのが穏当である。永禄十一年とすると、信長と義昭が面会した直後には、信長側の家臣として活動していることになり、不自然である。

以上二点の史料を紹介したが、永禄十一年の発給となると光秀が早い段階で治政を担当していたことを提示する史料になるのだが。

義昭から信長の家臣へ

重用の端緒

『公記』の永禄十二年（一五六九）正月五日条に光秀が戦闘に加わった信憑性の高い、初見の記録がみられる。三好三人衆（三好長逸・三好宗謂《そうい》・石成友通）が京都六条本圀寺の将軍義昭を襲撃した際に、光秀は、当寺で義昭を守備する者として戦っている。義昭を守備したのは、「細川藤賢ら幕臣」・「織田左近将監《さこんのしょうげん》ら尾張《おわり》衆」・「赤座七郎右衛門ら美濃衆」・「山県源内ら若狭《わかさ》衆」であり、光秀も防御のため奮戦した。

光秀の名が確実に発給文書に登場するのは、同年に出されたと考えられる二月二十九日付で朝山日乗《あさやまにちじょう》・村井定勝とともに近衛前久《このえさきひさ》邸の門外と五霊図師《ごりょうずし》（御霊辻子）に居住する町人に対して、出されたものである（「陽明文庫文書《ようめいぶんこ》」、『信長文書』補遺一五）。その内容は、公方様《くぼう》（義昭）・御台様《みだい》の御座所周辺に寄宿することを禁止することを告げたものである。

ちなみに朝山日乗は、信長政権の初期の段階において禁裏との折衝・将軍義昭との調停・毛利氏《もうり》との交渉に当たるなど重責を果たしている。村井定勝は、後に触れるように京都所司代《きょうとしょしだい》として天正元年から同三年まで、光秀とともに京都やその周辺の行政事務を担当している。信長配下の有能な吏僚として職務を遂行した。

ついで、四月十四日付で光秀は秀吉とともに春日社領《かすが》の山城国賀茂荘《かものしょう》に対して連署で書状を送っている（「澤文書」、『信長文書』一八九）。隠していた田畑が発見されたので、「御下知の旨」に任せて、四百石ずつの運上《うんじょう》と軍役《ぐんやく》として人夫百人を差し出すように命じている。この四日前の十日付で、すでに幕府の奉行人《ぶぎょうにん》である諏訪俊郷《すわとしさと》と飯尾貞遥《いのおさだはる》が連署で同荘に対して同一の内容が伝えられていた。光秀と秀吉は、信長の家臣として将軍義昭の「御下知の旨」に基づいて執行したことになる。

早くもこの段階で光秀は、日乗・定勝・秀吉とともに諸行政を司っており、将軍義昭の家臣であるとともに信長家臣団においても頭角を現し始めている。

四名の連署状

光秀の立場の上昇を示す事例として、中川重政・木下秀吉・丹羽長秀との四名で庶政に関して連署状を出していることが挙げられる。

光秀は、永禄十二年四月十六日付で重政・秀吉・長秀とともに四名の署名をもって、若狭国武田氏の家臣梶又左衛門・広野孫三郎らに対してそれぞれ連署状を発給している。広野孫三郎宛のものは次のとおりである（慶応大学図書館所蔵、『信長文書』二二二）。

今度各江申し候趣、卅六人の衆相双びて披露せしむる処、義統に対せられ忠節の上は、去る永禄九年十二月十五日の光録（義統）判形の旨に任せて、全く領知有るべきの由、朱印を遣わされ候、弥孫犬殿へ忠勤を抽んでらるべき事、簡〔肝〕要の由に候、恐々謹言

卯月十六日

木下藤吉郎
秀吉（花押）
丹羽五郎左衛門尉
長秀（花押）
中川八郎右衛門尉
重政（花押）
明智十兵衛尉

光秀（花押）

広野孫三郎殿
御宿所

この連署状では、先代の若狭国武田家当主義統《よしむね》に忠節を尽していたのであれば、所領《しょりょう》を安堵するので、子の孫犬（元明《もとあき》）に対しても忠勤するように伝えている。同一の連署状は梶又左衛門・広野孫三郎以外の武田氏の家臣にも発給されたのであろう。

差出人の中川重政は、尾張出身で永禄年中に馬廻《うままわり》として黒母衣衆に名を連ねている（『信長家臣』）。丹羽長秀は、軍事・政務両面で信長を支えた重臣である。秀吉はあらためて述べるまでもない。この光秀・重政・秀吉・長秀の四名でグループを編成し、庶務に対応している。光秀は、信長家臣団では、有能とみられる人物と仕事を始めており、出世街道を歩んでいるのである。

この四名は、同じ日付の四月十六日付をもって、全く別の事案で立入宗継《たてりむねつぐ》に連署状を発給している（「立入文書」、『大日本史料』、『信長文書』一六五）。なかなか忙しそうである。宗継は、宮廷の経済面を管理し、御倉職《おくらしき》を務めた人物である。その内容は「禁裏御料所《きんりごりょうしょ》の山国荘《やまぐにのしょう》（京都府京都市右京区）は宇津頼重が横領していて、今度、信長が糾明した。

宇津に横領を止めるように指示した。両代官へ信長の朱印をもって申し渡した。以前のように朝廷の直務とするから、年貢《ねんぐ》の収納は確実に行われるだろう。宇津にも厳命した。」というもので、立入宗継に禁裏に披露することを求めたのである。そして、宇津頼重に対して、同月十八日の日付で四名をもって、横領を停止する連署状が出されている（「立入文書」、『大日本史料』、『信長文書』一六六）。実際に、横領が収まるのは、天正七年に宇津頼重の逃亡後である。

以後、この四名のグループで庶政を担当している。ちなみに、柴田勝家《しばたかついえ》・佐久間信盛・蜂屋頼隆《はちやよりたか》・坂井政尚《さかいまさなお》・森可成《もりよしなり》の五名の別のグループも活動していた。

京都庶政を担う

光秀は、単独でも行動している。六月二十一日付で、僧清玉に対して、阿弥陀《あみだじ》寺建立に関して疎意がないように書状を送っている（「阿弥陀寺文書」、『大日本史料』）。阿弥陀寺に関しては、これに先立ち同年四月二十五日付の諏訪晴長《はるなが》・松田頼隆《まつだよりたか》の署名による幕府奉行人奉書《ほうしょ》が発給され、寺地の安堵がなされている（「阿弥陀寺文書」、『大日本史料』）。この奉書を受けて、将軍義昭の「御下知」をもって光秀が同寺を安堵した形式になっている。光秀が信長の家臣であるとともに、幕府の吏僚としての両面性を確認できる。

永禄十二年前後に出された、光秀が関係する書状が四点ある。いずれも、発給年が不確定なものであるが、当該期の光秀の足跡を確認する上で紹介しておきたい。

一点目は、三月二十八日付で、村井貞勝とともに法金剛院《ほうこんごういん》（京都市右京区）に出したものである（「法金剛院文書」、『信長文書』補遺一六）。同寺門前内の屋敷《やしき》に付属する田地や屋敷・畠等を安堵したものである。『信長文書』では、永禄十二年の可能性を示しつつ同年とは、限らないとしている。

二点目は、四月二日付で、細川藤孝とともに天龍寺《てんりゅうじ》（京都市右京区）に対してその立場を安堵する連署状である（「天龍寺文書《てんりゅうじもんじょ》」、『信長文書』補遺八五）。『信長文書』では、永禄十二年か、天正元年かであろうと指摘している。藤田達生氏・福島克彦編『明智光秀』（以下『明智史料』とする）では、光秀が「惟任」を称する天正三年七月以前の文書であると注記している。

三点目は、五月十四日付で武井夕庵《たけいせきあん》・村井貞勝と妙智院《みょうちいん》（京都市右京区）の策彦周良《さくげんしゅうりょう》に対して出されたものである（「天龍寺文書」、『信長文書』補遺七三）。等持院《とうじいん》（京都市北区）が、天龍寺か相国寺《しょうこくじ》の末寺《まつじ》のいずれかを裁許するもので、天龍寺に対して裁定がなされた証文《しょうもん》を提出するように指示している。『信長文書』では、十二年と推定している。

『明智史料』では、本文書は、検討の余地があると指摘している。

　四点目は、六月二十一日付で村井貞勝との連署で山崎惣中（京都府大山崎町周辺）に対して出されたものである（「離宮八幡宮文書《りきゅうはちまんぐうもんじょ》」、『信長文書』補遺一九）。当所を通過する街道を往来することに関して乱暴狼藉・迷惑な行動もあるので、当所から南方に道路を拡幅する旨を伝えたものである。『信長文書』では、永禄十二年から天正二年頃までに出されたものとしている。

条書の立会

　信長は義昭に五ヶ条からなる条書を提示した（「成簣堂文庫《せいきどうぶんこ》所蔵文書」、『信長文書』二〇九）。その条書は永禄十三年（一五七〇）正月二十三日付で光秀と日乗に宛てたものである。永禄十三年の発給が明記されている。

　第一条は、義昭が御内書《ごないしょ》を出す場合は、信長の添状をつけること。

　第二条は、これまでの義昭の下知はすべて無効である。

　第三条は、将軍に対して忠節の輩に恩賞等を与える場合は、支給する土地等がないならば信長の分国《ぶんこく》内から義昭の意向次第で提供する。

　第四条は、天下の儀に関しては、信長に任されたので、誰であろうとも将軍の意向を受けることなく自分の考えに基づいて成敗する。

第五条は、天下は静謐になったのであるから禁中《きんちゅう》の儀は油断があってはならない。

以上のように、信長は、義昭に対して、将軍として権限を制限する強固な姿勢を示した。義昭は、書状の袖《そで》に黒印《こくいん》を捺し、承諾したことになっている。宛先の日乗は、朝廷側の証人であり、光秀は、信長と義昭の双方に関与する人物の代表としてこの五ヶ条からなる条書に立ち会ったのである。なお、この五ヶ条の条書については、義昭政権による織田氏の活動を規定づけたものとする見解もあるが、私は織田政権による義昭の将軍としての活動規範を提示し、規定したものというオーソドックスな考えで良いと思う。

三月六日に光秀は、信長の命により朝山日乗とともに公家衆の知行《ちぎょう》分の調査を行っている（『言継』）。

三月二十一日に光秀は、勝長の「朝な朝なたち枝かたふく柳哉」という発句に始まる何船百韻連歌会に参席している。光秀（八句）のほか、勝長（十二句）・紹巴《じょうは》（十七句）・藤孝（十四句）・昌叱（十五句）・竜三（九句）・心前（十四句）・賢盛（九句）・文阿（二句）が参加している。光秀は武家文人としても、華やかな活動を展開している。

三月二十二日、光秀は、重政・秀吉・長秀との四名のユニットで大住荘《おおすみのしょう》（京都府京田辺市）の三ヶ村の名主百姓に対して連署状を出している（「旧曇華院《どんげいん》文書」、『大日本史料』、

『信長文書』二一五参考)。曇華院領である大住荘を将軍義昭の家臣一色藤長《いっしきふじなが》が侵食したことに関して裁定した結果、同院の所有であることは間違いないので、年貢等を確りと納めるように命じたものである。これは、信長が裁定し、同院雑掌《ざっしょう》宛に朱印状《しゅいんじょう》を発給した際の副状《そえじょう》の写しとなっている(『信長文書』二一五)。この大住荘関係の解決は、爾後数年掛かることになる。

強情な姿勢

東寺(京都市南区)は、下久世荘《しもくぜのしょう》の年貢が収められないことについて、光秀側の行動に対して、幕府奉行衆松田秀雄・飯尾昭連に永禄十三年四月十日付の書状をもって訴えている(「東寺百合文書」、『大日本史料』)。この「訴状《そじょう》」には、「明智十兵衛方、彼庄一職上意として仰せ付けらる由申され、年貢諸事物等、今に至り寺納なく候条、御訴訟申し上ぐべき」「公儀《こうぎ》として急度仰せ出され候様、宜しく御披露預かるべく候」、と記されている。光秀は、「上意」によって下久世荘の一職支配《いっしきしはい》権が与えられたことを主張し強硬な態度に出ており、聞く耳をもたない状態である。そして、年貢等が未納になっており、東寺側が訴え出ているのである。そこで、「公儀」として、年貢等が収められるように、命令を出して欲しいと嘆願している。

本文中の「公儀」については、幕府の公権力を示すことは間違いないが、「上意」については、信長または義昭のいずれかの人物が該当する。信長とすると、光秀は信長から下久世荘の一職支配権を与えられたことになり、東寺側としては、埒が明かないので、幕府に解決を求めたことになる。早い段階で信長の権力が寺社にまで及んだことになる。ちなみに、この書状以外で「東寺百合文書」に含まれている「東寺八幡宮領上久世庄年貢米事」に関する文書には、光秀が横領したことが記されており、ここにも「上意」の記述がみられ、この場合の「上意」は、信長に比定される。

一方、「上意」を将軍義昭とすると、光秀は将軍義昭から下久世荘の一職支配権を与えられたといって年貢等を納めないので、「公儀」として命令を出してほしいとなる。したがって「上意」を義昭とすると、東寺側は義昭の支配権付与行為自体を否定することになる。

そうなると、「上意」は信長と考えた方が穏当である。「上意」「公儀」を本文中で使い分けていたと考えられる。

この一連の下久世荘と光秀とのやり取りを通じて注目したいのは、光秀の人物像を垣間見ることができる点である。光秀としては、これまでの働きで得た権益であり、権利の主張として当然といえば当然であるが、相当強固な姿勢で臨んでおり、強情な性格のようであり、冷徹な面さえ感じられる。

越前に遠征

永禄十三年四月四日、信長は、朝倉氏攻撃のため京都を出発して越前に向かった。光秀もこの戦闘に参加している。次の史料は光秀が参戦した様子を示すものである（永青文庫《えいせいぶんこ》所蔵、『明智史料』補遺一）。

態と啓上せしめ候、仍って今日午刻、熊川に至り着き仕り候、此の表相替る儀御座《ござ》なく候、武田家老中当地迄罷り出で候、信長越境迎えとして此のごとくに候、越州口并に北郡何れも以て別条の子細なく候、珍説在るに於いては、夜中に寄らず申し上げるべく候、此れらの趣、宜しく御披露あずかるべく候、恐々謹言

明智十兵衛尉

光秀（花押）

卯月廿日

細川（藤孝）兵部〔大〕太夫殿

飯川（信堅）肥後守殿

曽我（助乗）兵庫頭殿

その内容は「自分（光秀）は、四月二十日に熊川（福井県若狭町）に到着した。信長を迎えるために武田家の老中《ろうじゅう》が当地までやってきた。越前への侵入地（路）および北郡

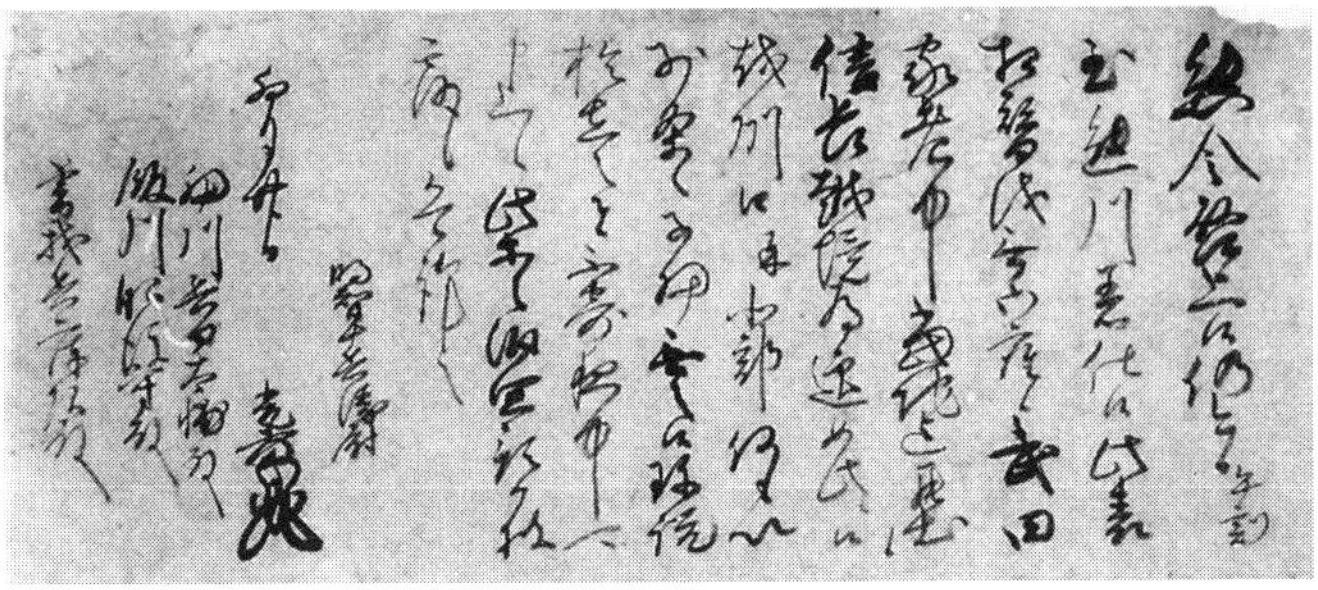

図４　明智光秀書状（永禄13年４月20日　藤孝等宛，熊本県立美術館所蔵）

（近江国の北郡か）の様子については特に変わった様子はない。もし変わったことがあれば夜中でも関係ないので連絡する。」というものである。

この書状の宛所の細川藤孝・飯川信堅《のぶかた》・曽《そ》我《が》助乗《すけのり》は、いずれも将軍義昭の側近である。この地における状況について、将軍義昭によろしく伝えてほしいという「披露状」の形式になっている。光秀は、信長の家臣達と庶政に尽力するとともに、その一員として戦闘に参加していた。その一方で義昭の家臣としての形態も引き続き維持していた。信長軍の戦闘に参加している状況を義昭にも報告しているのである。当該史料は、現段階において光秀が信長・義昭の両方に奉公していることを如実に示すものである。

四月二十三日に永禄から元亀に改元《かいげん》された。

四月二十五日、織田軍は敦賀表に進軍し、天筒山《てづつやま》（福井県敦賀市）を攻略した。ついで、二十六日、金ケ崎城《かねがさき》（同市）も落城させている。ここで、浅井長政《あさいながまさ》の寝返りにより、信長は、金ケ崎城に木下秀吉を残し置いて、四月三十日、朽木《くつき》（滋賀県高島市）を経て京都に戻っている。光秀は、秀吉らと現地に残って諸事に対応している（「武家雲箋」）。そして、丹羽長秀とともに信長の命により若狭国に派遣された（『公記』）。これは、武田氏の四老の一人といわれた武藤友益《むとうともます》の母親を人質として受け取るためである。光秀らは、母親を人質として徴収し、武藤氏の居城を破却させている。五月六日に光秀らは、上洛し信長に状況を説明した。

なお、前年の永禄十二年の出来事として光秀は、四月十六日付の連署状で武田氏の家臣に対して武田元明に忠節を尽すように命じたことはすでに触れたとおりである。本年に比定すると、光秀は、四月二十日に熊川に到達しており、進軍を前に光秀らは連署状をもって、武田氏の家臣を説得したことになる。時間的な状況として無理な面がある。しかし、武藤友益から人質を取った事例を勘案するならば、本年であることも完全には否定できない。

近江に出陣

元亀元年五月九日、信長は、近江に進攻するため京都を出発した（『言継』）。そして、志賀・宇佐山《うさ》（滋賀県大津市）に砦を構築し、十三日には、永原（同県野洲市）に移動している。十九日に、千草越の際、杉谷善住坊に狙撃されるという出来事を経て、信長は二十一日に岐阜に帰着した（『公記』）。

この間、光秀は、信長の命令により越前に派遣されたという指摘がある（『明智史料』藤田達生総論）。その根拠となる史料が、五月九日付で光秀から幕臣曽我助乗に宛てたとみられる書状である（「反町文書」）。そこには「我等《われら》の儀今日出陣仕り候、仍って新町《しんまち》用所事有るに於いては」と記されている。『慶応義塾所蔵古文書選（四）』（高橋正彦編、一九八三年）には、写真版・釈文・解説が掲出されている。長谷山彰氏の解説によると、光秀は信長の越前遠征に従っており、いったん京都に戻った信長が五月九日に京都を進発しているので、光秀も行動を共にしたものとしている。この書状は『明智史料』にも所収され、史料中の「出陣」という文言の傍注に「越前」と明記している。光秀が越前国で戦闘行動を起こしたかは、管見の限りでは確認できないが、信長の今般の近江における戦闘活動に追従したことを示す史料であることは間違いない。信長の命令を受けて越前方面に向けての戦闘と捉えれば問題ないと思料する。

信長は、六月十九日、岐阜を出発した（『毛利家文書《もうりけもんじょ》』）。同月二十一日には、小谷城《おだに》（滋賀県長浜市）を攻囲し、城下を焼き払った（『公記』）。二十四日に竜が花（同所）に陣取りした。二十八日、姉川《あねがわ》において織田・徳川《とくがわ》軍対浅井・朝倉軍の戦闘が行われた。いわゆる「姉川の合戦」である。この合戦に勝利した信長軍は、小谷城に迫り麓《ふもと》を放火し、横山城（滋賀県長浜市）を落城させたのである。光秀は、この姉川の合戦に参加したようだ。『松《まつ》平記《だいらき》』には、「越前衆に向て、一番柴田明智、二番家康《いえやす》、三番稲葉一鉄」と記されている。

七月四日、信長は馬廻ばかりを従えて上洛した。『言継』の同日条には、「申刻織田弾正忠信長上洛、四五騎にて、上下卅人計にて上らる、遂遂に終夜上ると云々、直に武家へ参らるるの間、予則ち参る、北郡の様体において御雑談申さる、耳を驚かす者なり、次明智十兵衛尉所へ行かれ了んぬ」と記述されていて、信長はわずかな兵をもって帰洛し、それを追うように信長の軍勢が引き継いで京に戻ってきた。信長は、武家すなわち将軍義昭の許に参上し、戦況の報告をした。この日記の記主山科言継《やましなときつぐ》は、合戦の様子を聞いて驚いている。その後、信長は、自己の家臣であり、義昭の配下でもある光秀のところに向かったのである。

対三好三人衆

信長は、元亀元年七月七日に京を出発し、一度岐阜へ戻った。再び上洛し、下京本能寺《ほんのうじ》に宿泊したのは、八月二十三日のことである。翌々日の二十五日、京都を出発し、淀川《よどがわ》を越えて、翌二十六日、野田《のだ》・福島（大阪市福島区）の敵陣を攻撃している。そして天王寺《てんのうじ》に陣を据えた。敵の三好方の主だった武将は、細川昭《あき》元《もと》・三好長逸・三好康長・安宅冬康《あたぎふゆやす》・十河存保《そごうまさやす》・篠原長房《しのはらながふさ》・石成友通・三好為三《いさん》等である（『公記』）。なお、為三については、『言継』同年八月二十八日条に「三好伊三三百計、降参の由風聞す」と記されていて、この戦闘の最中に信長の軍門に降ったとみられる。

信長は九月九日に天満が森（大阪市北区）へ陣を移した。本願寺《ほんがんじ》が蜂起し、天満が森を攻撃したため信長方は防戦に回らざるをえなかったのである。

九月十六日、大坂《おおさか》方面の戦闘に呼応するように浅井・朝倉三万余の軍勢が近江国坂本まで出動した。宇佐山城（志賀）を守備していた

図5　織田信長包囲網（天正初年，『天下統一と朝鮮侵略』〈日本の時代史13〉）

重臣森可成や信長の弟信治《のぶはる》が戦死するという信長軍としては敗北を喫している。信長は、大坂方面の陣を離れ二十三日に帰京している。

この大坂表における一連の戦闘に光秀も参加していた。『言継』九月二十一日条には「晩景又夜に入り南方より、明智十兵衛、村井民部少輔、柴田修理亮等上洛、御城の御番と云々」と記録されていて、光秀は、村井貞勝・柴田勝家ら大坂方面の戦闘に参戦した後、上洛して将軍義昭の警衛についた。

志賀の陣

信長は、浅井・朝倉軍の進軍に対処するため元亀元年九月二十四日に京都本能寺を出発し、坂本に赴き、三井寺《みいでら》に陣を据えた。九月二十五日に信長の軍勢は、比叡山延暦寺《ひえいざんえんりやくじ》に立て籠った浅井・朝倉勢を取り囲んだ。この一連の戦闘は、同年の十二月まで行われ、「志賀の陣」といわれる。光秀も参戦している。光秀は、浅井・朝倉軍に対する包囲と防護のために穴太《あのう》（大津市穴太町）の砦の構築に簗田広正《やなだひろまさ》・河尻秀隆《かわじりひでたか》・佐々成政《さっさなりまさ》・村井貞勝・佐久間信盛らとともに着手している（『公記』）。そして、九月二十六日に光秀は、幕臣の細川藤孝・一色藤長・上野清信《うえのきよのぶ》・三淵藤英《みつぶちふじひで》とともに帰洛した（『言継』）。

信長は、この「志賀の陣」において主に宇佐山城に居陣した。光秀は、将軍山城（京都市左京区）に詰めている。京都の北白川《きたしらかわ》方面からの洛中の防備と比叡山包囲のため、光秀はこの城で任務に当たっていた。十一月九日に山科言継が宇佐山に戦陣の見舞に赴いたところ、信長は将軍山城に赴いていて留守だった（『言継』）。信長は、光秀らの監督に行ったのであろう。吉田社が付近に所在するため、光秀は十一月十三日に同社の風呂《ふろ》に赴いている（『兼見』）。

十一月二十六日の堅田《かただ》における戦闘で信長軍は敗北を喫した。このとき、美濃衆の坂井政尚が戦死し、千人余が討ち死にした。十二月十三日に講和が成立し、十四日に陣を撤収し、十七日に信長は岐阜に帰着している。

光秀にとって、この永禄十三年（元亀元）は、戦場にいることが多かった一年といえる。

宇佐山城

元亀二年（一五七一）正月六日、光秀の使者として赤塚・寺内・寺本・赤利の四名が吉田兼和《よしだかねかず》（のち兼見。『兼見』の記主）の許を訪れている。今度は、兼和が同月二十一日に宇佐山の光秀を訪問している。光秀と兼和は、親しく交流していたことが分かる。光秀と兼和の緊密な関係は、光秀の死の直前まで続くことになる。光秀が、宇佐山城に入ったのは、前年に守将であった森可成が敗死した後、可成の替りとして配置についた。ここに明智光秀―志賀、佐久間信盛―永原、柴田勝家―長光寺《ちょうこうじ》、中川重政―安土《あづち》、丹羽長秀―佐和山、木下秀吉―横山という琵琶湖《びわこ》の南方から東方にかけての家臣団の配置が完了したとされる（『信長家臣』）。二月十九日、吉田兼和は光秀の依頼により人足二十五名を遣わしている。これは、宇佐山城の工事のために必要な人足であろうか（『兼見』）。

信長は、五月十二日に伊勢長島一向一揆《いせながしまいっこういっき》鎮圧のため尾張国津島《つしま》（愛知県津島市）に着陣し、部隊は三方向から攻撃を仕掛けた。同月十六日に戦闘が行われたが、巧みな戦法により信長軍は敗北を喫し、美濃三人衆の一人氏家直元《うじいえなおもと》が敗死している。『公記』には、主要な武将である佐久間信盛や柴田勝家の名がみられるが、光秀の名は確認できない。光秀は、一向一揆攻めに参加せず、宇佐山城において敵に備えていたと想定できる。

光秀は、七月三日に宇佐山城から上洛し、即日帰城しており、当該期、この城で防備に当たっていたことが分かる（『元亀二年記』）。

叡山炎上

比叡山攻撃に先立ち光秀は、元亀二年八月二日付で観音寺（滋賀県草津市）同宿中に書状を出している（「芦浦観音寺文書」、『大日本史料』）。その概略は、「道路の整備を確実に実施して欲しい。信長が十八日に間違いなく出馬するので承知しておいてくれ。そちらのことはよろしくお願いする。」というものである。光秀は、信長の出陣を前にして道路の整備をはじめとして、さまざまな対応を依頼している。この芦浦《あしうら》観音寺のほか各所にも指令を出したとみられる。

光秀は、九月二日付で雄琴の土豪和田秀純《わだひでずみ》に書状を送り、和田・八木両氏の帰参に謝意を示すとともに、光秀の守備する宇佐山城における働きぶりを褒めている（「和田家文書」、『新修大津市史』七）。光秀は、志賀郡や周辺各所から国衆《くにしゅう》の取り込みを図っている。この書状で注目すべきこととして、仰木谷方面（滋賀県大津市）について、敵の者を「なでぎり」にするように指示していることである。また、志村城（新村城、滋賀県東近江市）は、「ひしころし」（干殺）すなわち兵糧攻めにしたという情報も伝わっている。光秀は、配下の者たちに厳格で冷徹な姿勢で臨むことを求めている。この姿勢こそが、信長の意向であり、比叡山を焼き討ちする際の行動の元となったのである。

九月十二日、信長勢は、比叡山を焼き払った。『公記』には、「叡山を取詰め、根本中堂《こんぽんちゅうどう》・三王廿一社を初め奉り、霊仏・霊社、僧坊・経巻一宇も残さず、一時に雲霞《うんか》のごとく焼き払ひ、灰燼《かいじん》の地と為社哀れなれ。」と記されている。『言継』同日条にも「織田弾正忠暁より天上坂下破られ放火、次に日吉社残らず、山上東塔《とうとう》、西塔《さいとう》、童子無く残らず放火、山衆悉く討死《うちじに》と云々」と記されていて、信長軍が容赦なく比叡山を焼き尽くしたことが記録されている。信長は比叡山攻撃の翌日に上洛している。同月十八日に京都を出発し、二十日に岐阜に戻った。

『公記』には、「去て志賀郡明智十兵衛に下され、坂本に在地候なり」と記されている。光秀は、坂本という、比叡山延暦寺の麓の重要な地を任されたのである。

有能な事務官僚

光秀は、九月二十四日、休息する間もなく今度は、千人程度の兵を引き連れて摂津国高槻《たかつき》に出陣していることが『言継』に記されている。同記の翌二十五日条には、「早旦奉公衆一色式部少輔、同駿河守、上野中務大輔等摂州へ出陣と云々、見物せざるの間人数これを知らず、これを尋ぬべし、人数千ばかりこれありと云々、」とあって幕府奉公衆の一色藤長らが摂津に向かったのである。

高柳氏『明智光秀』では、光秀が幕府衆と行動を一緒にしていることは注意してよいとし、義昭追放後は、幕府奉公衆は、光秀の麾下に組み込まれると述べている。光秀が、二十四日に率いた軍勢が、幕府衆を主体としたものかは不明であるが、光秀は、この段階で大部隊を率いた軍事指揮官としての立場になっていることは、事実である。

この一方で光秀は、厳格な姿勢で行政事務の仕事を的確に遂行している。九月晦日（三十）付で、嶋田秀満《しまだひでみつ》・塙直政《ばんなおまさ》・松田秀雄との四名の連署をもって、公武の用途として洛中周辺の公武御料所《ごりようしょ》・寺社本所領《じしゃほんじょりょう》に対して田畠一反につき一升を拠出させ、明月十五日から二十日以前に二条妙顕寺《にじょうみょうけんじ》に運上するように指示している。少分であっても隠した場合は、在所を没収し、成敗するとも伝えた。阿弥陀寺・妙蓮寺《みょうれんじ》・加茂《かも》総中等へ宛てたものが伝わる。この徴収は信長の意向に基づいて実施されたとみられるが、形式上は、義昭からの指示に基づくものとなっている。連署状は、五、六百通が発給されたという。公家の山科言継は、幕臣の松田秀雄から二十五枚分の執筆を依頼されている（『言継』）。この通数からして、各方面に細部にわたって徴収されたことが分かる。その中心となったのが光秀と思われる。

そして、この集められた米をもって都の町中に貸しつけ、その利息をもって禁裏の賄いに充てるという作業が光秀以下、先のメンバーで進められた（「上京文書《かみぎょうもんじょ》」、『大日本史料』、『信長文書』三〇三）。たとえば、洛中下京惣中には、二百十五石を預け「参和利之利米」を毎月上納することを約束したことを示す光秀・秀満・直政連署状が伝わっている。

さすが信長から任命された光秀たち四名の事務能力は高く確実で、迅速かつ厳格に対応しているのである。

名幕僚の誉れ

志賀郡と坂本城主

比叡山攻撃の功績

光秀の比叡山《ひえいざん》攻撃等の軍功や洛中洛外《らくちゅうらくがい》の庶政に関する功績を、織田信長《おだのぶなが》は大いに認めるところであった。『公記』に記されているように、志賀郡（滋賀郡《しが》）を受領し、坂本に本居を構えることになった。この坂本を中核とする滋賀の地は、信長にとって、「越前《えちぜん》から京都への侵入ルート」「浅井《あざい》・朝倉《あさくら》・山門《さんもん》への抑えの地」「琵琶湖《びわこ》西岸を統治する地」「西方からの軍事進攻に対する岐阜を防御する地」「首都京都を守護《しゅご》する地」「安土城《あづちじょう》が築城されてからは琵琶湖の東西両面において相互に補完する地（安土と坂本間の湖上ルート）」という意味合いがあった。そのような重要な場所に光秀は配置されたのである。

十月には、山門の末寺と号して光秀が廬山寺《ろざんじ》（京都市上京区）領を横領したと甘露寺経《かんろじつね》元宛《もと》の女房奉書《にょうぼうほうしょ》にみえる（「廬山寺文書」）。

また、曼殊院《まんしゅいん》・青蓮院《しょうれんいん》・妙法院《みょうほういん》の三門跡《もんぜき》領を光秀が横領したとして、停止するように命令が出されている。十二月十日に公家《くげ》の山科言継《やましなときつぐ》は、女房奉書を携えて将軍足利義昭《あしかがよしあき》の許を訪れた。その奉書の内容は、義昭に対して、光秀の横領を止めさせる指示を信長に出すように伝えたものである。翌十一日、言継は、信長に光秀の行動を中止させることを厳命する綸旨《りんじ》を奉じて岐阜に下向している。いずれにしても最終的な裁断権は信長にある。

信長は比叡山の大学の全収入も与えたというのは（『日本耶蘇会年報《やそかい》』）、誇張かもしれないが、光秀は山門に付随する権益の収公を洛中洛外において迅速かつ厳格に行った。もちろん、信長の指揮下、早期に山門の権力を弱体化させるという主君の意図に基づいた光秀の行動とも考えられる。

信長は、十二月付の朱印状《しゅいんじょう》をもって佐久間信盛《さくまのぶもり》に対して金森（守山市）などの所領《しょりょう》や野洲《やす》郡・栗本（栗太）郡と桐原（近江八幡市《おうみはちまん》）の山門領やこれに与した者たちの所領を没収して他者に給した。そして、新与力《よりき》として進藤・青地・山岡を付与するとともに、進藤《しんどう》堅盛《かたもり》の志賀郡（光秀領）において、扶助している侍については、光秀に預けることを命令している（「吉田文書」、『信長文書』三〇七）。進藤氏は野洲郡を中心に志賀郡にかけて勢力を誇っていたが（『信長家臣』）、志賀郡に領地を有した進藤氏家臣を光秀に組み込むことにより、在地の支配の強化と、軍事部隊を編成させ、その責を光秀が担ったのである。

光秀は、現段階では義昭に属しつつも、信長の有力家臣としての地位を確立し、大いに飛躍を遂げたのである。

致仕

元亀二年十二月二十日、光秀は、義昭の近臣曽我助乗《そがすけのり》に対して、光秀が権益として所持している「下京壺底分地子銭《じしせん》」を進呈し、公儀《こうぎ》（義昭）への取り成しを依頼している（「古今雑纂」、『大日本史料』）。その依頼を示すものが、発給年月日が示されていない曽我助乗宛の書状である。その内容は、「私光秀は進退《しんたい》について暇乞《いとまご》いを申し出たが、厚志により過分の扱いを頂いた。行く末を望めない身であるので直ちに、暇を出して頂いて剃髪《ていはつ》できるように取り成しをお願いしたい。」というものである。光秀が致仕《ちし》を願い出た確かな要因は不明である。時期的に考えるならば、彼が三門跡を横領したことを禁裏《きんり》より譴責《けんせき》されたことが要因として挙げられる。その背景にあるものとして天下人義昭に付随する寺社本所領《じしゃほんじょりょう》の保護責務に抵触し、義昭から譴責を受けたという見解もある。その見解の基底にあるものは、義昭政権として厳然とした機能を有していたという観点である。しかし、私は、あくまでも義昭の行動は、信長の掌握下にあり、そこには、主体的な効力は存在しないものと思料する。

いずれにしても、光秀が暇乞いを願い出た理由は不明である。仮想ではあるが、たんに光秀が、義昭のもとを是が非でも離れたかったのかもしれない。

光秀は、十二月二十九日に細川《ほそかわ》藤孝《ふじたか》とともに信長から茶の湯に招かれている（『言継』）。光秀が茶の湯に接した確実な事例としては、古い方である。光秀が逗留していた朝倉氏において茶の湯が隆盛をみたことは米原正義氏の研究によって明らかである。光秀は、朝倉氏の許にいたときから、茶の湯に接していたのではないかと想定できる。

坂本築城

光秀は、年末に岐阜に滞在していたので、年頭もそのまま岐阜にいたのではないかとみられる。元亀三年（一五七二）正月十三日に吉田《よしだ》兼和《かねかず》の許に年頭に当たり、光秀から使者が遣わされた。同月二十一日には、今度は、兼和が礼として坂本の光秀を訪問している。『兼見』閏《うるう》正月六日条には、「明十（光秀）坂本において普請也、見廻として下向し了んぬ」とあって、光秀が城を新造している様子が分かる。坂本《さかもと》城は昨年から建設に着手したと思われる。まさに光秀は、一城の主で志賀郡一帯の地域支配者になったのである。出世街道を力強く突き進んでいる。

事実の程は、不明であるが、坂本城の築城の頃、連歌師《れんがし》三甫が「波間よりかさねあげきや雲の峰」と詠んだのを受けて、光秀は「磯山つたへしげる松村」と脇を付けたと伝えられている。また、光秀は志賀の唐崎の松が枯れたので植え替えて「われならで誰かはうゑむひとつ松　心してふけ志賀の浦かぜ」と詠んだのである（『常山紀談《じょうざんきだん》』）。まさに志賀の地を得て、坂本に築城し、意気揚々としている光秀の気持ちが込められているではなかろうか。

ちなみにのちのライバルとなる木下《きのした》（羽柴《はしば》）秀吉《ひでよし》は、元亀元年の姉川《あねがわ》の合戦以降、浅井氏に対する最前線ともいえる横山城の城将として活動している。天正元年の浅井氏滅亡までこの地を死守した。

吉田兼和は、二月二十五日にも坂本の光秀を訪問している。光秀は、この元亀三年の正月から二月までの間は、主に坂本にいたとみられる。築城の現場指揮をしながら時を送ったのであろう。

信長は近江《おうみ》進攻のため三月五日に、岐阜を出発している。翌五日、横山に着陣《ちゃくじん》した。ついで翌日には、小谷城《おだにじょう》と山本山の間に進軍し、野陣を懸け、余呉《よご》・木之本（滋賀県長浜市）周辺を放火している。十一日に信長は、志賀郡へ出陣し、和迩《わに》に陣を据えた。そして、光秀・中川清秀《なかがわきよひで》・丹羽長秀《にわながひで》に対して、木戸（滋賀県大津市）・田中（同県高島市）に砦を構築することを命令した。和迩・木戸は光秀の本拠地坂本から北方に当たる。この一連の軍事行動において特に大きな戦闘もなかった。信長は翌十二日に上洛し、二条妙覚寺《にじょうみょうかくじ》に寄宿した。

河内へ出陣

四月、信長に対して反旗を翻した三好義継《みよしよしつぐ》・松永久秀《まつながひさひで》を討伐するため信長軍は河内《かわち》に出陣することになった。同月四日付で光秀・滝川一益《たきがわかずます》・佐久間信盛・柴田勝家《しばたかついえ》の連署《れんしょ》をもって河内の住人片岡弥太郎に対して、十四日に信長軍が出陣する旨を告げ、参陣を要請し、河内衆《かわちしゅう》を取りまとめるように依頼している（「冑山文庫文書」、『大日本史料』、『信長文書』三二四）。

信長は、十六日に交野《かたの》に着陣した。信長方安見新七郎《やすみしんしちろう》（畠山《はたけやま》氏の旧臣）が守備する交野城（大阪府交野市）を攻撃するために三好義継・松永久秀が砦を築いていた。信長軍は、この三好・松永勢に攻撃を仕掛けたのである。信長の軍勢は、光秀以外に、佐久間信盛・柴田勝家・細川藤孝・三淵藤英《みつぶちふじひで》・上野秀政《うえのひでまさ》・池田勝正《いけだかつまさ》・伊丹親興《いたみちかおき》・和田《わだ》（惟長《これなが》カ）・森《もり》（長《なが》可《よし》カ）・坂井（越中《えっちゅう》守カ）・蜂屋頼隆《はちやよりたか》・斎藤新五郎《さいとうしんごろう》・稲葉良通《いなばよしみち》・氏家直通《うじいえなおみち》・安藤守就《あんどうもりなり》・不破《ふわ》光治《みつはる》・丸毛光兼《まるもみつかね》・多賀常則《たがつねのり》らの名前が確認できる。信長家臣団の主力が投入されている。

総勢二万の大軍である（『兼見』、『公記』）。

信長軍の包囲により三好義継・松永久秀は、なす術もなく、風雨に紛れて脱出した。義継は若江《わかえ》城《じょう》（大阪府東大阪市）に、久秀は多門山城（奈良県奈良市）に逃げたのである（『公記』）。五月十一日、河内に出陣していた信長軍の武将たちが帰京した。信長は、十四日に出京し、途中高島に向かい、周辺を放火し、十九日に岐阜に帰国している。光秀も、高島の襲撃に参加していた。五月十九日付幕臣曽我助乗宛光秀書状写では、高島での放火のことや敵城の三つが落去したことを将軍義昭に披露するように伝えている（「細川家文書」、『明智史料』二五）。

再び江北へ

七月、再び信長軍は江北に進攻した。同月二十一日、浅井氏の居城小谷城攻略のための軍事行動が行われている。信長は小谷城を攻囲するため、直近の雲雀山《ひばりやま》・虎御前山《とらごぜやま》に軍勢を配置し、佐久間信盛・柴田勝家・木下秀吉・丹羽長秀・蜂屋頼隆に対して城下を攻撃させている。

七月二十三日には、越前との境の余呉・木之本地蔵《じぞう》（滋賀県長浜市）を堂塔伽藍《がらん》・名所旧跡一つも残すところなく焼き払った。二十四日、木下秀吉・丹羽長秀は近隣の人々も逃げ込んだ大吉寺《だいきちじ》（滋賀県長浜市）に攻め込み、僧侶と一般の人々を多数切り捨てたのである。この日、光秀は、湖上からの攻撃軍に加わっている。打下（滋賀県高島市）の林与次《はやしよじ》左衛門員清《ざえもんかずきよ》・堅田《かただ》の猪飼野昇貞《いかいののぶさだ》・山岡玉林《やまおかぎょくりん》（景猶《かげなお》）・馬場孫次郎《ばばまごじろう》・居初又二郎《いそめまたじろう》により船で海津浦《かいづ》・塩津浦・余呉《よご》の入海を襲撃し、敵方の湖上交通網に打撃を与えたのである。ついで、竹生島《ちくぶしま》（滋賀県長浜市）も攻撃している。信長は、この水上戦に先立ち六月二十七日付で沖島（滋賀県近江八幡市）の惣中《そうちゅう》に朱印状《しゅいんじょう》を出している（「島村沖島共有文書」、『信長文書』三二六）。信長は、今度北郡に出馬するので早船《はやふね》を用意して適地の浦々の放火を依頼し、快速船を用意させ、林与二左衛門尉員清と堅田の人々が談合して行動するように指示している。すでに林員清は、五月十九日の高島襲撃にも加わっていた。

七月二十九日、信長軍は、虎御前山に砦を構築した。ついで虎御前山と横山の間の八相《はっそう》山《ざん》・宮部郷に砦を設置した。虎御前山に城番として秀吉を配置した。これで水陸両面から浅井包囲網ができあがったのである。九月十六日、信長は横山から岐阜に向けて帰国した。光秀は前日の十五日に上洛し吉田兼和の訪問を受けている。

この九月に信長は、義昭に対して十七ヶ条の意見を示した。十三条目において、光秀が地子銭を買い物の代銭として渡したところ、義昭が山門領であると言いがかりをつけ横領したことに信長は難癖をつけている。このことは、光秀が信長の配下であることを示すとともに、多少なりとも義昭が光秀に影響力を残していたことも読み取れるのである。

十一月十五日、光秀は磯谷久次《いそがいひさつぐ》の息子千代寿の元服《げんぷく》に際し、彦四郎と命名している。磯谷久次は、近江滋賀郡山中の土豪で、禁中《きんちゅう》の用務を遂行するとともに、幕臣としての立場も維持しながら信長に従っていた。そして光秀に所属していた（『信長家臣』）。

同月二十六日、細川藤孝は坂本の光秀のもとを訪れている。

十二月二十二日、吉田兼和は見舞いとして光秀を訪問した。兼和は坂本城の天主《てんしゅ》等の様子を「城中天主作事以下悉く披見し了んぬ、目を驚かし了んぬ、」と記録しており、本格的な天守をそなえた荘厳な様子に兼和は驚いたのである。まさに、光秀の権勢を物語っている。光秀は、坂本で越年したと考えて良いであろう。

不慮の思い

元亀四年（一五七三）二月、義昭と信長の亀裂が表面化した。光浄院（山岡景友《やまおかかげとも》）・磯谷久次・渡辺昌《わたなべまさ》らは、今堅田・石山《いしやま》（滋賀県大津市）に兵を入れ義昭方として信長に反旗を翻した。『兼見』二月六日条には「岩倉《いわくら》山本・渡辺・磯谷、明智に対し別心と云々」と記されていて、光秀の指揮下であった者たちの離反である。殊に久次の息男については、命名したばかりの間柄であり、そこには主従関係が発生していた。光秀にとっては、信じがたい思いであったろう。信長は、光秀・柴田勝家・丹羽長秀・蜂屋頼隆に攻撃命令を下した。石山の城には、反信長勢力である光浄院を大将とした伊賀《いが》・甲賀衆が在城していた。同月二十六日、石山の城は光浄院らが降参し退散したので破却している。同月二十九日、湖上に面した今堅田に対する攻撃を開始した。光秀は兵船を使用し、湖上から攻め上ったのである。光秀の水上からの攻撃は、先年にも実施しており、要を得たものと考えられる。湖上における制海（湖）権も掌握していた。

今堅田も平定し、光秀は、坂本に戻っている。この合戦において光秀の家臣十八名が戦死している。光秀は、西教寺《さいきょうじ》に供養のため、一人につき「壱斗弐升」を寄進した（「西教寺文書」、『大日本史料』）。十八名が死去するからには、小規模な戦闘では済まなかったのである。ちなみに光秀は、山城《やましろ》国西岡革島《かわしま》の土豪革嶋忠宣《かわしまただのぶ》に宛てて同月十四日付で木戸付近における戦闘に対して褒賞している（「革嶋家文書」、『大日本史料』）。その後、この革嶋一族は、長岡《ながおか》（細川）藤孝の与力としてその膝下に組み込まれることになる。

また、光秀は四月二十八日付で大津《おおつ》の船大工三郎左衛門に今般の働きにより諸役を免除している（「渡文書」、『大日本史料』）。光秀が、船方《ふなかた》衆をその配下に組み込んでいたのである。三郎左衛門以外にも船方衆で光秀の軍事行動に協力した功による免除者がいたのではないかと推察できる。

三月八日に信長と義昭との和談交渉が決裂した。同月二十九日、信長は東山知恩院《ひがしやまちおんいん》に陣を据えた。白川《しらかわ》・粟田口《あわたぐち》・祇園《ぎおん》・清水《きよみず》・六波羅《ろくはら》・鳥羽《とば》・竹田《たけだ》等の洛中・洛外の各所に信長の軍勢を配置し、義昭に対し、威嚇行為に出た。光秀は賀茂《かも》に駐屯し義昭包囲網の部隊指揮官として行動した（『兼見』）。四月二日から放火が開始され、四月三日には、賀茂より嵯峨《さが》に至るまでの在所をことごとく焼き払ったのである。義昭に対しさらに圧力を掛けることになった。ついに義昭は信長のプレッシャーに屈した。和議が成立した信長は八日に出京し、同月二十七日に最終的な講和が成立した。

万感の思い

一連の対義昭戦を終了した光秀は、主に坂本にいたのではないかと推定する。

『兼見』元亀四年六月二十八日条には、「明智十兵衛尉見廻として坂本に下向せしめ、果李の文台《ぶんだい》、東門冊、持参し了んぬ、天主の下立小座敷《こざしき》、移徙の折節、下向祝着の由機嫌なり、昌叱対座し、幸の儀なり、一折興行頻りに催すなり、是非に及ばず、滞留せしめ了んぬ、卅六句これあり、哥仙連歌《れんが》と云々」と記録されていて、吉田兼和は坂本城を訪れた。光秀は兼和の下向を大変喜んだのである。本格的な天守を築造するからには、財政的な基盤が整ったことは、疑う余地がない。志賀郡を領有し、京都における諸権益を保有するなど織田家臣団の中でも随一ともいえるほどの財力を蓄え始めたのである。連歌の師であり友である里村昌叱《さとむらしょうしつ》も祝いに訪れていた。天守の下の小座敷において、光秀は、絶好の機会であり、切望して昌叱・兼和と三十六歌仙連歌《さんじゅうろっかせんれんが》を行った。祝賀の連歌である。光秀はこれまでの労苦を振り返り、万感の思いで天守を見つめたのではなかろうか。

光秀は、坂本城を中核として、志賀郡主として領国支配を展開していくことになる。志賀郡と高島郡の境目は、志賀郡側が小松（大津市）、高島郡が打下（高島市）になる（「伊藤晋氏所蔵文書」、『明智史料』六四）。

幕府終焉

七月、義昭は、軍事行動に出た。七月三日に二条城《にじょうじょう》を出て、槇島《まきしま》（京都市宇治市）に向かった。信長は、九日に上洛して妙覚寺に陣を据えた。十六日、信長は槇島に陣を進めた。信長軍は二手に分かれ、光秀は、五ケ荘から渡河して大《おお》手《て》に向かう軍勢に属していた。この軍勢は佐久間信盛・丹羽長秀・柴田勝家・羽柴秀吉・蜂屋頼隆・荒木村重《あらきむらしげ》・長岡藤孝ら信長軍の主力と蒲生賢秀《がもうかたひで》・同賦秀《ますひで》・永原重康《ながはらしげやす》・進藤賢盛《しんどうかたもり》・後藤高治《ごとうたかはる》・永田景弘《ながたかげひろ》・山岡景隆《やまおかかげたか》・同景宗《かげむね》・同景猶《かげなお》・多賀常則《たがつねのり》・山崎秀家《やまざきひでいえ》・平野土佐《ひらのとさの》守《かみ》・小川裕忠《おがわすけただ》・青地元珍《あおちもとたか》・京極高次《きょうごくたかつぐ》・池田景雄《いけだかげかつ》らの近江衆によって構成されていた。この近江衆は光秀の配下として戦ったかどうか不明であるが、小川裕忠・京極高次・池田景

図6　織田信長（長興寺〈豊田市〉所蔵）

雄は本能寺《ほんのうじ》の変の際、光秀に与している。

信長軍は、十八日に槙島を攻撃した。義昭は槙島を出て上山城《かみのやまじょう》の枇杷荘《びわのしょう》（京都府城陽市）へ退避したのである。義昭は、二十一日、三好義継が在城する若江城に動座している。信長はこの日上洛し、改元《かいげん》を朝廷に奏請し、二十八日に天正に改元された。

ここに室町幕府は、終焉を迎えた。光秀は、義昭の家臣として主君を支えてきた。その義昭の追放の軍勢の中に光秀は加わっていたのであるから、複雑な思いであっただろう。光秀がここまでこれたのは義昭のお陰でもある。

一昨年の元亀二年に光秀が義昭に暇乞《いとまご》いを願い出た一連の行動は、義昭への決別と新たな主人である信長へ仕える意思表示であったとも想像できる。光秀は、義昭から離脱の許可が出ないため再三願い出たのかもしれない。いずれにしても光秀は、両君に仕える立場から、信長のみに仕える身になったのである。

七月二十六日に信長は京都を発し、大船をもって高島表に向かった。そして、木戸・田中両城を攻略した。この両城に対しては昨年来、砦が築かれ対陣していた。信長はこの両城を光秀に分与した。対浅井・朝倉戦における琵琶湖西岸の防備を任されたことになる。坂本城のある志賀郡に加え、その北方の高島郡近辺にまで光秀の支配が及ぶことになった。光秀の勢力が益々広がったのである。

光秀は、七月二十四日には、信長本隊とは別動部隊として、洛中の北方の静原山に砦を構えている山本《やまもと》佐渡《さど》守実尚《さねひさ》を攻撃している。実尚は、山城国愛宕《おたぎ》郡岩倉の住人で既述のように光秀に背いていた。なお、実尚は、『公記』において、「対馬守」として登場するが、この「対馬守」は、実尚の父親が名乗ったらしい（『信長家臣』）。十月まで実尚は抵抗した。

浅井・朝倉滅亡

八月八日、信長本隊は、岐阜を出発し、十日には浅井氏の立て籠もる小谷城を包囲した。太尾山・大嶽・丁野山《ちょうのやま》（滋賀県長浜市）を攻略し、十三日には敗走する朝倉氏からの援軍を追い崩した。十四日に越前国敦賀《つるが》に進攻し、十八日に一乗谷《いちじょうだに》に攻め込んでいる。二十日、朝倉義景《あさくらよしかげ》は自害して果てた。ここに文武両面に異彩を放った越前朝倉氏の栄華は潰えたのである。信長軍は取って返して、小谷城を攻略し、信長の妹市の夫浅井長政《あざいながまさ》を攻め自害させた。

この浅井・朝倉戦における光秀の具体的な戦闘行動については不明であるが、現地越前において戦後処理を行っている。光秀は、八月二十八日付で羽柴秀吉・滝川一益とともに織田大明神《だいみょうじん》（福井県越前町）に当知行《ちぎょう》分の安堵《あんど》を行っている（「辻川利雄家文書」、『信長文書』補遺一三七）。

この三名の連署状は、現地の各方面に発給されている。九月五日付で橘屋三郎五郎に対する諸役免除に関する信長の朱印状の副状《そえじょう》（「橘栄一郎家文書」、『大日本史料』）、同九日付で宝慶寺《ほうきょうじ》（福井県大野市）の寺領《じりょう》安堵状（「宝慶寺文書」、『大日本史料』）・瀧谷寺（同県坂井市）の寺領安堵状（「瀧谷寺文書」、『大日本史料』）などが伝わっている。なお、同六日付で若狭大飯郡高浜町出身とみられる安居《あこ》三河守に対する本知行に関する信長の朱印状の副状が伝来するが（「横尾勇之助氏所蔵文書」、『大日本史料』、『信長文書』四〇〇）、偽文書の可能性もある。

光秀は、永禄十二年に、秀吉らとチームを組んで京における行政を差配したことは、すでに触れたとおりであるが、再び両者は実務に当たったのである。

光秀は、九月二十日付で滝川一益とともに北庄《きたのしょう》の軽物商人に対して、橘屋三郎右衛門尉に信長の朱印をもって指名する旨を伝えている（「橘文書」、『大日本史料』、『信長文書』四〇八）。光秀は、的確に戦後処理を行い、ほどなくして越前を離れたとみられる。

その越前は、守護代《しゅごだい》として朝倉家の旧臣前波吉継《まえばよしつぐ》（桂田長俊）が配置された。実質的には、光秀の代官と考えられる三沢秀次《みさわひでつぐ》のほか信長の家臣津田元嘉《つだもとよし》と木下祐久《すけひさ》の三名が実務を担当した（「朝倉記」等）。

信長は、今度は、北伊勢《いせ》に進攻した。九月二十六日に西別所（三重県桑名市）の一揆《いっき》勢攻略を、信長の有力家臣である佐久間信盛・羽柴秀吉・蜂屋頼隆・丹羽長秀の四名に命令した。彼らは、越前から戻って休む間もなくただちに北伊勢に向かったのである。

ここに光秀の名前は確認できない。光秀は、信長方に反旗を翻していた山本佐渡守実尚の攻略のため京都静原山に在陣していた。山城西岡の豪族革嶋秀存《ひでまさ》が光秀配下として参戦していた。そして調略をもって実尚を生害させたのである。その首級は、光秀から北伊勢東別所に居陣する信長の許へ届けられた（『公記』）。信長は、十月八日に東別所に陣を据え、二十五日に北伊勢を離れているので、光秀はこの期間に当地に赴いたことになる。

京都の政務官を兼ねて

京都代官

光秀は、天正三年七月まで村井貞勝《むらいさだかつ》とともに洛中の治政に当たっている。貞勝は、将軍義昭が追放された後、所司代《しょしだい》に任命された。『公記』には「天下所司代村井長門《ながと》守仰付けられ、在洛候て、天下諸色《しょしき》申付けられ候なり」と記録されている。

当該期の史料では、光秀・貞勝のことを「京都御代官」と称している（「愛宕山《あたごやま》尾崎坊文書」、『信長文書』三七五参考）。

十二月十六日付で、光秀・貞勝の連署で山城国妙智院西院《みょうちいんさいいん》の小作《こさく》に対して同院住持策《さく》彦周良《げんしゅうりょう》に年貢《ねんぐ》等の納入を命じている。また、同じ日に策彦周良に直務を確認する連署状を出している（「妙智院文書」、『大日本史料』、『信長文書』三三六・三三七）。なお、先述のように永禄十一年から十二年にかけて光秀と貞勝が連署状を発給していた可能性の有無については、触れたとおりである。

光秀は、坂本城を拠点とした近江における主要部分の統治を任され、軍事指揮官として活動した。これに加え、政務官として京都の行政についても村井貞勝とともに任されたことになる。光秀の織田政権における立場は、さらに上昇したのである。

図7　村井貞勝（大雲院所蔵）

多聞山城

天正二年（一五七四）正月十一日、光秀は、松永久秀が退城した大和《やまと》国多聞山城《たもんやまじょう》（奈良市）に城番として入っている（『多聞院』）。久秀は前年十二月に同城を明け渡していた。この城での任務は一ヶ月ほどであったようだ。二月中旬に長岡藤孝と交替している（「天正二年春日祭《かすがのまつり》遂行」、『大日本史料』）。まさに光秀は、八面六臂の働き振りである。もちろん、信長家臣団において、光秀だけが重用されているわけではないが、光秀の使われ方は群を抜いている。

奈良にいた光秀は、正月二十四日に多聞山城で里村紹巴《さとむらじょうは》の発句「梅柳香も色もよし今朝の雪」により何人百韻《ひゃくいん》連歌会を興行した。二十六日に同じく多聞山城で中坊駿河守が興行した何人百韻連歌会に出席した。この日も里村紹巴が加わった。奈良における光秀の文芸交流の一端を確認できる。

ついで、光秀は興福寺《こうふくじ》大乗院《だいじょういん》尋憲《じんけん》に法性五郎の長太刀《ながだち》の閲覧を依頼し、借用している。二月二日付の書状で披見したことを伝えた（「尋憲記《じんけんき》」）。また、光秀は、当地において、石清水八幡《いわしみずはちまん》善法寺の美濃《みの》国生津荘《なまづのしょう》（岐阜県瑞穂市）に関する相論について裁許を行っている（「石清水文書」、『大日本史料』）。京都代官としての仕事である。

信長は、甲斐《かい》国武田勝頼《たけだかつより》勢が美濃国明智城に進撃したのに対して、二月五日に出陣し、御嵩《みたけ》（岐阜県御嵩町）に陣取りした。翌日、信長本隊は神篦《こうの》（岐阜県瑞穂市）に進んでいる。そしてこの地に城を構築し、河尻秀隆《かわじりひでたか》を城番とし、小里にも城を普請し池田恒興《いけだつねおき》を配置した。そして、二十四日に岐阜に帰城している。光秀は、多聞山城の城代《じょうだい》を長岡藤孝と交替した後に、美濃に赴いたとみられる（「尋憲記」）。

この頃、信長は、光秀の子を筒井順慶《つついじゅんけい》の養嗣子とすることを命じたという（『信長家臣』）。また、娘二人を嫁がせることにした。一人の娘は織田信澄に、もう一人の娘（玉・ガラシャ）は長岡藤孝の子与一郎（忠興《ただおき》）の室としたのである（『綿考輯録《めんこうしゅうろく》』）。筒井順慶への養子の話は実現しなかったが、二人の娘の婚姻は成立した（与一郎と玉の婚姻は天正六年八月）。本能寺の変に際し、この縁戚関係が苦難と事件をもたらすことになる。

名幕僚

天正二年七月十三日、信長は、伊勢長島攻めのため岐阜を出発した。十五日に信長軍は大軍をもって伊勢長島に押し寄せた。信長は、一度岐阜に戻った後、九日に再び長島の戦陣に登場した。信長は前回の元亀二年の戦闘における失敗を踏まえて、今回は九鬼水軍《すいぐん》をも動員し、水路からも攻撃を仕掛けた。九月二十五日に各砦の攻略をほぼ完了した。

光秀は、二月に美濃に出陣してから七月中旬までの間、主に坂本城にいたと思われる。ときには、京都の庶政に関して村井貞勝と協議のため都に赴いたとものと想像できる。

七月四日に光秀は、里村紹巴《じょうは》の発句「真木の板のつき橋白し」による何人百韻連歌会に参加した（『連歌総目録』）。出席したのは、紹巴ら里村一門や藤孝といった定例の文化人グループに加え、直政・重然という人物の名前を確認できる。直政は光秀とともに政務に

図8　古田織部（大阪城天守閣所蔵）

当たっていた塙直政《ばんなおまさ》であろう。重然は、古田重然《ふるたしげなり》（織部《おりべ》）である。織部は、中川清秀の与力として活躍し、千利休《せんのりきゅう》の没後、茶の湯の宗匠として、徳川《とくがわ》政権初期に将軍秀忠《ひでただ》をはじめとして諸方面にわたって太い人脈があった人物である（諏訪巻末）。光秀は、文芸活動を通じても、信長の家臣とも積極的に交流していたことが分かる。

この連歌会は坂本城で興行されたとみられる。七月八日付で光秀から尾張《おわり》美濃の商人司伊藤宗十郎宛の書状から、光秀は坂本にいたとみられる。（『明智史料』四九）。この書状では、「尾張・美濃両国において唐人方（輸入呉服《ごふく》）・呉服方の商売について信長の朱印が出されており、この坂本においてもその通りにすべきである」とあって光秀は宗十郎に商業活動を認めたのである。宗十郎は信長の許可を得ているとはいえ、光秀に届け出る必要があったようだ。もちろん、光秀が坂本を任されているとはいえ、上

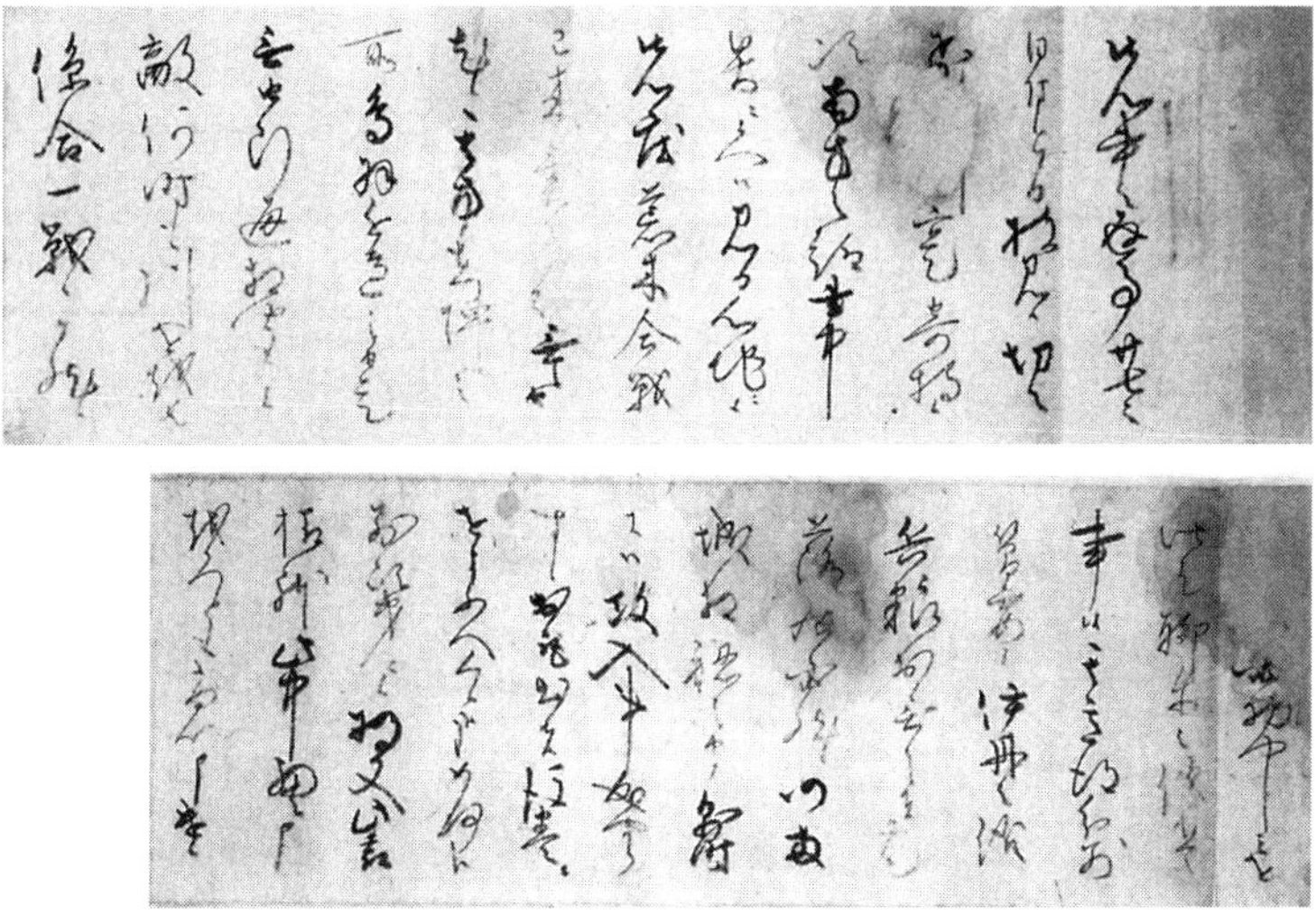

図９　織田信長黒印状（天正２年７月29日　光秀宛，部分，熊本大学永青文庫研究センター所蔵）

位者の信長の意向が反映されるのである。

　光秀は、間もなくして鳥羽方面に出陣したものと思われる。光秀の部隊は京都の南の鳥羽において、本願寺《ほんがんじ》勢力に対峙してその動きを牽制し、伊勢長島に出陣している信長本隊が攻撃に専念できるようにしている。

　七月二十九日付の信長から光秀に出された黒印状《こくいんじょう》は、光秀を語る上で最も的確なことを示していると考えられる（「細川家文書」、『信長文書』四六三）。その概略は「二十七日の書状を今日二十九日に見た。心細やかであり、まことに奇特である。本願寺等の南方の様子については、光秀の報告は詳細であり、その場に実際にいて見ているようである。光秀は、鳥羽近辺に在陣しているとのこと、油断なく敵に備えていると報告を受けている。敵が淀川《よどがわ》を越えて攻めてきたならば、交戦してもよかろう。伊丹《いたみ》城については、兵糧がなければ落城することは間違いない。両城（伊丹城と石山の城）は、こらえて機会を狙っているようであり、すぐに攻め入ることはできない。攻撃してきたならば援軍を送ろうか。どうしようか。（光秀の）考え次第である」というものである。光秀は、信長に適切に戦況を報告し、判断を仰いでいた。そして光秀は、信長の意図を的確に理解し、軍事行動に当たっている。信長は、光秀を信用しており、光秀に判断を任せる場面も多々あったと考えられる。

この書状には、まさに軍事の基本が示されている。幕僚として光秀は詳細かつ的確な情報を指揮官の信長に適宜報告し、指揮官である信長の判断を逐次仰ぐというシステムである。もちろん、一般企業でも同様であろう。社内におけるさまざまな情報を経営陣に提示し経営判断を促すというものである。

さらに重要なことは、「戦」を制すのは、「情報」である。いかに正確な情報を入手するかである。光秀が、信長家臣団として高い位置を占めることができたのは、この名幕僚としての資質があったからと断言できる。

八月三日付で信長から長岡藤孝に送られた朱印状において、信長は、本願寺攻めに関しては光秀と談合するように伝えている。ここでも光秀が信長から信用されていることが分かる。そして、光秀と藤孝の立場が逆転しはじめている。次年度から始まる丹波《たんば》・丹後《たんご》攻略においては、光秀の与力として藤孝が行動することになる。

九月になると、光秀は藤孝とともに河内国を転戦した。十八日には、飯盛山城《いいもりやまじょう》（大阪府大東市・四条畷市）において、一揆勢に対処している。

十月二十一日に光秀は、高屋表（大阪府羽曳野市）に出陣を予定した（「大阪城所蔵文書」、『明智史料』五一）。光秀は、塙直政・蜂屋頼隆・羽柴秀吉・丹羽長秀・柴田勝政《しげたかつまさ》・長岡藤孝・佐久間信盛とともにこの地に押し寄せた。同月二十九日には、誉田八幡宮《こんだけちまんぐう》（同所）に対して上記八名の名をもって禁制《きんぜい》を出している（「大阪城所蔵文書」、『明智史料』五二）。

十一月十四日、光秀は河内方面から大和に転戦したとみられる（「光源院文書」、『明智史料』五三）。そして、ほどなくして大和を離れ、坂本に戻っている（『多聞院』）。

戦場から離れ、しばしの休息といったところである。閏十一月二日、光秀はその成功の証である坂本城において長岡藤孝の発句による山何百韻連歌会を興行した。里村紹巴・昌叱や一大茶人津田宗及《つだそうぎゅう》も参席する豪華な会であった。

参加者の中に自然丸《じねんまる》の名がみられる。光秀の息子として確認できる男子の一人である。光秀は、教養ある武人になるための子弟教育を的確に実施するとともに、次代を担うであろう子息を顕示したのである。

光秀は、休憩をする間もない。京都行政官としての仕事も引き続き執行している。村井貞勝と山城賀茂社領《しゃりょう》を安堵する旨の連署状を発給している（『賀茂別雷神社文書《かもわけいかずちじんじゃもんじょ》』）。

三好康長の帰属

三好《みよし》家の実質的な継承者である三好康長《やすなが》は、河内国高屋城《たかやじょう》に立て籠り、依然として信長勢力に抗した。天正三年（一五七五）四月四日、光秀は、河内に出陣している。『兼見』には、光秀の軍勢は「二千余」と記されている。軍勢の内訳や戦闘内容については不明であるが、光秀は、歩兵連隊の一個部隊程度を率いた指揮官として活動したことが分かる。同月六日、信長自ら出陣し、翌々八日、信長勢は高屋城を攻撃している。信長勢と本願寺側において激しい戦闘に及んだ。同月十九日に、高安城《たかやすじょう》に立て籠る康長は、松井友閑《まついゆうかん》を通じて信長に赦免を乞い、許された。この間、十四日付の青蓮院宛の信長の黒印状によると戦陣の音問の御礼の使者として光秀が赴いている（「大賀文書」、『信長文書』五〇四）。

織田政権と康長の動向については、拙稿で論じたところである（諏訪巻末）。信長の軍門に降って以降の康長は、信長の家臣として諸方面で活躍することになる。藤田達生氏の見解では、「羽柴―三好ライン」が存在し、四国領有をめぐる長宗我部《ちょうそがべ》氏と三好氏の対立軸が、光秀と秀吉の関係を激化させ、これが本能寺の変の要因に繋がったとしている（藤田巻末）。ここで疑問となるのが、「羽柴―三好ライン」の存在である。藤田氏がその根拠として示しているのが、秀吉の甥秀次《ひでつぐ》が三好康長のもとに養子入りしていたことである。秀次の養子入りについての確実な初見は、拙稿で示したように天正十年十月二十二日付の下間頼廉《しもまらいれん》宛秀吉書状である（『浅野家文書《あさのけもんじょ》』）。

高柳氏は『明智光秀』で根拠を明示していないが、三好三人衆《みよしさんにんしゅう》の信長への従属とともに秀次が三好康長の家をついだと述べている。藤田達生氏は、「筑前《ちくぜん》守秀吉」が「三好孫七郎」に対して、兵庫《ひょうご》城（兵庫県神戸市）・三田城（同県三田市）の受け取りを指示した発給年が記されていない書状を天正七年のものとする（「福尾猛市郎氏所蔵文書」）。そして、秀次の養子入りを天正三年四月以後、同七年十一月以前とする。定説では、池田恒興が信長から所領を得た際、花隈城（兵庫県神戸市）を破却して天正九年から築城したとされる。藤田達生氏の指摘により、既に兵庫城は存在していたことが分かっている。したがって、この書状を七年に比定することも可能である。

ところが福尾猛市郎氏は、当該書状の発給年を天正十一年とする（福尾巻末）。この書状の尚々書の「なお以てその方の事、兵庫に残り候て、政道已下堅く申し付くべく候、三田へ人を遣すべく候」と記されていて、秀吉は甥孫七郎（秀次）に対して兵庫城を拠点として、統治を的確に遂行するように指示した。そして、三田城にも軍勢を配置することも申し伝えている。状況からすると秀次は、ある程度、在地の支配体制が安定した状況で兵庫城を接収したようである。そう考えると、賤ヶ岳《しずがたけ》合戦後、秀吉が、大坂城《おおさかじょう》を中心に摂津《せっつ》・河内の支配体制を固めたころになる。天正十年の清須会議後、池田恒興は、美濃国に配置換えになり大垣《おおがき》城主（岐阜県大垣市）となった。ここで、秀次が兵庫城一帯を任されたことになる。三田城については、山崎源太左衛門堅家《げんたざえもんかたいえ》（秀家）が城主であったらしい。秀次の統制下に組み込んだのではなかろうか。堅家の軍勢は、小牧長久手《こまきながくて》合戦の時に秀次を守備するように配置されていた。

谷口克広氏らの指摘があるように秀次は、天正九年の段階で宮部継潤《みやべけいじゅん》の養子になっていた（『稲葉民談記』、『上坂文書　箱中古筆判鑑《こひつはんかがみ》』、『宇野主水日記《うのもんどにっき》』）。秀次と宮部氏との関係を示す事例は、複数存在する。一点目は、天正十二年の小牧長久手合戦における秀次の失策を譴責する際の使者として養父継潤（善浄坊《ぜんじようぼう》）が秀次のもとに赴いている。二点目は、秀次が参席した茶会に継潤の甥藤左衛門が参席するなど宮部家の人々とは近しい間柄であった。三点目は、天正十三年に秀次が近江に領国を得た際に、継潤の家臣田中吉政《たなかよしまさ》がつけられた。

継潤は、近江国浅井《あざい》郡出身で、天正五年に秀吉の与力として播磨《はりま》国へ入国し豊岡《とよおか》城主（兵庫県豊岡市）となった。その後、鳥取城将吉川経家《きつかわつねいえ》の自刃後、秀吉方（信長方）として入れ置かれた。中国大返《ちゆうごく》し、山崎《やまざき》合戦のときも毛利《もうり》氏への押さえとして、西方に対する守備という重責を果たしたのである（『信長家臣』）。秀次はこの頃までは「宮部次兵衛」として継潤の養子であったと考えられる。小和田哲男氏は、秀次が三好康長の養子となったのは、天正八年から同九年にかけてとしている（小和田巻末）。その理由として、秀吉は、秀次を康長のもとに送りこむことによって、康長と連携をし、元親を攻め、さらに光秀の追い落としを図ったためであると述べている。秀吉や康長が長宗我部対策に奔走したことは、事実であるが、そこに確固たる連携はみられない。したがってこの段階において秀次が康長の養子となっていないものと考えられる。

本能寺の変後、毛利氏との講和がなされ、山崎合戦も終了し情勢が安定した頃に、秀次は、長宗我部氏攻撃のため、秀吉と康長が強固な連携を図るため三好家に入ったものと考えられる。私は、拙稿で述べたように秀次の三好康長への養子入りは、本能寺の変以降と思料する。

秀吉と康長が軍事行動を共にする時があったかもしれないが、「羽柴―三好ライン」というような強固な連携はなかったと考える。なお、織田政権の四国政策の変更は、信長の誅殺に至るまでの要因になったことは、間違いないと思う。

天正三年四月二十一日、戦闘が一段落して信長は帰京した。同月二十七日には、琵琶湖の水上交通を掌握している光秀の用意した舟で佐和山《さわやま》へ下向しようとしたが、強風のため、常楽寺《じょうらくじ》（滋賀県湖南市）を経て、陸路佐和山に向かうこととなった。翌二十八日、信長は、岐阜に帰城している（『公記』）。

長篠合戦

天正三年五月、長篠《ながしの》（愛知県新城市）において、織田・徳川の連合軍と武田勝頼の軍勢が激突した。いわゆる「長篠合戦」である。五月十三日、信長は遠江《とおとうみ》に向けて出陣した。光秀は、同月十四・十五日、坂本において、上洛していた薩摩《さつま》の島津家久《しまづいえひさ》（当主義久《よしひさ》の弟）一行をもてなしていた。武人としての嗜みである連歌を通じて島津家の人々と交流がなされている。織田政権の有力者である光秀が九州の雄たる島津家の光久を接遇したのであり、家久にとってみると光秀を織田政権の有力者とみなしての会見であろう。その記録『中務大輔《なかつかさたいふ》家久《いえひさ》公《こう》御《ご》上京日記《じょうきょうにっき》』には、「さて明智殿ハ織田との東国《とうごく》の陣立ての程なれハ」と記されていて、光秀は、信長より遅れて出発したのである。

五月二十一日、武田軍は信長軍との合戦において大敗北を喫した。勝利を得た信長は二十五日、岐阜に戻っている。この合戦における光秀の行動について詳細なことは分からない。一説には、光秀は参加せず、畿内《きない》に留まっていた可能性も示されている。『兼見』五月二十四日条には、「明十(光秀)見舞として坂本に下向し了んぬ、薫衣香《こう》十袋持参す、今度三州表の儀信長より明智に対し御折帋を仰せられ、披見せしむるなり、悉く討果の儀如（必カ）定のごとくなり、公私安堵し了んぬ」とあって、兼和は信長から光秀に宛てられた戦況を知らせる書状を見たことから、長篠には赴いていないようである。

織田政権の枢要として

丹波平定戦と遊軍

丹波攻略の開始

丹波《たんば》国の国衆《くにしゅう》たちの中には、織田信長《おだのぶなが》の力を頼りにして、足利義昭《あしかがよしあき》方勢力に対抗する動きもみられる。信長方もこれらの衆を利用した。天正三年（一五七五）三月二十二日付で信長は長岡《ながおか》（細川）藤孝《ふじたか》に朱印状《しゅいんじょう》を出した（「細川家文書」、『信長文書』五〇一）。その内容は、来秋に予定される大坂《おおさか》合戦に関して、丹波国船井・桑田両郡の国衆を藤孝の与力《よりき》とし、多くの兵力を集めるように指示している。

信長は、六月七日付で、丹波国船井・桑田両郡に知行《ちぎょう》を有する川勝継氏《かわかつつぐうじ》に対して、丹波守護代《しゅごだい》家内藤《ないとう》氏と宇津氏の討伐を命じ、光秀の派遣を伝えた（『信長文書』五一五）。その朱印状には、「内藤・宇津の事、先年京都錯乱の刻、此方に対して逆心未だ相休まず候哉、出仕なく候ハヾ、誅罰を加うべきため、明智十兵衛を指し越され候、連々馳走の条、猶以って此時忠節を抽んずべき事、専一に候也」と記されていて、先年の錯乱に際し信長に敵対し、いまだに出頭しない内藤・宇津氏を誅罰するため、光秀を遣わすので、奔走するように命じている。内藤・宇津氏は足利義昭方として信長政権に抵抗していた。内藤氏は丹波守護代の家柄である。宇津頼重は丹波国宇頭郷に拠点を持ち、禁裏《きんり》御《ご》料所《りょうしょ》丹波国山国荘《やまぐにのしょう》を押領《おうりょう》していた。三月二十二日に桑田《くわた》・船井《ふない》二郡の地侍《じざむらい》の支配権が長岡藤孝に与えられながらも内藤・宇津たちの抵抗で実行されなかったようである。

六月十九日付で光秀から丹波国船井郡宍戸（京都府南丹市園部町）に拠点がある小畠左馬進永明に宛てた奉書《ほうしょ》によると、信長から知行安堵《あんど》の朱印状が発給され、忠節次第では、新知を与えると伝えている（「小畠文書」、『信長文書』五二二）。さらに、光秀は、七月二十四日付で永明に書状を出した（『新修亀岡市史』）。光秀は、明後日二十六日、宇津方面への軍事行動のため、桐野河内（園部町）に着陣《ちゃくじん》する旨を伝え、鋤《すき》・鍬《くわ》等の普請に必要な道具を用意し、宇津方面に来るように伝えた。さらに、「土民・侍男の類」によらず人数を徴収し、杣《そま》も連れてくるように指示した。いよいよ、丹波における戦闘と普請が行われていくことになる。

なお、この時期に小畠氏《おばた》（左馬進《さまのしん》・助大夫《すけだゆう》）宛の三通の信長の朱印状を写したものが伝わっている（『信長家臣』、「小畠文書」、『信長文書』五二〇）。後世に作成された文書の可能性もあるが、光秀の丹波・丹後《たんご》への進出と小畠氏との関係が示されていて興味深いものとなっているので紹介しておきたい。一通目は、六月十日付で左馬助（進）に宛てたもので、左馬進を丹波国の案内者として、光秀を遣わしたところ、特に問題なく執行されたと記されている。そして、丹波へ近々出兵するが、その先手として働き次第では、本領安堵《ほんりょうあんど》は言うに及ばず、多紀郡《たきぐん》一円を差し下し、さらに加増があることなどを光秀が伝えるとしている。二通目は同日付で左馬進の兄助大夫（常好）に出されたもので丹後表の働きによっては、本領のほか船井郡の内二万石を差し下すと伝えた。これも光秀が伝達するとしている。三通目は、左馬進に六月十七日付で出されたもので、内藤・宇津討伐に関して光秀を差し遣わしたので光秀に与して働くように命じている。以上の三点である。

光秀は、七月二十四日、宇津氏攻撃のため船井郡桐野河内に着陣した（大東急記念文庫所蔵「小畠文書」、『新修亀岡市史』、『明智史料』五九）。その後、光秀は、越前《えちぜん》に赴くので、光秀軍による本格的な戦闘はなかったようだ。

任官の栄誉

『公記』の天正三年七月三日条には「信長御官位を進められ候への趣、勅《ちょく》諚《じょう》候といへども御斟酌にて御請これなし。併内々御心持候哉、御家老の御衆、友閑は宮内卿《くないきょう》法印、夕庵は二位法印、明智十兵衛は惟任日向《これとうひゅうが》になされ、簗田左衛《やなださえ》門太郎《もんたろう》（広正）は別喜右近《べっきうこん》に仰付けられ、丹羽五郎左衛門《にわごろうざえもん》は惟住《これずみ》にさせられ　忝《かたじけなき》の次第なり。」とあって、信長は、官位に関する勅諚を受けなかったが、主要な家臣の任官を願い出て勅許を得たのである。

光秀は、九州の名族の姓である「惟任」の姓と日向守を賜った。ここに示された五人以外では、次のように受領《ずりょう》名を得た。

村井定勝―長門《ながと》守、塙直政《ばんなおまさ》―原田備中《びっちゅう》守、羽柴秀吉《はしばひでよし》―筑前《ちくぜん》守、滝川一益《たきがわかずます》―伊予《いよ》守

受領名を受けた五名の国名は、日向・長門・備中・筑前・伊予のいずれも中四国、九州の国名であり、姓名に関しても惟任・別喜（戸次《べつき》）・惟住は九州の名門姓である。信長の西方へ向けてのプランが読み取れるのではないかという見解もある（谷口巻末）。信長が西方を意識したとも考えられるが、確かなことは分からない。いずれにしても、光秀は、軍事における指揮官としての実績や忠実な仕事振りを認められ、信長の重臣《じゅうしん》としての位置づけになったのである。なお、信長家臣団の筆頭とも言うべき柴田勝家《しばたかついえ》・佐久間信盛《さくまのぶもり》も

任官していたとされる（谷口巻末）。

越前に出陣

丹波に出兵していた光秀であったが、信長軍の主力が関わっていた越前の一向一揆《いっこういっき》との戦いに転戦している。八月十二日、信長は、越前に向けて進発した。信長に従った武将は、三万余と記録されていて、信長軍の全面展開である。参戦した信長の軍勢は、佐久間信盛・柴田勝家・滝川一益・羽柴秀吉・惟任（明智）光秀・惟住（丹羽）長《なが》秀《ひで》・別喜（簗田）広正《ひろまさ》・長岡（細川）藤孝・原田（塙）直政・蜂屋頼隆《はちやよりたか》・荒木村重《あらきむらしげ》・織田信孝《のぶたか》・織田信澄《のぶずみ》・織田信包《のぶかね》・織田信雄《のぶかつ》のほか次の衆が出動した。

前波吉継《まえばよしつぐ》父子・富田長繁《とだながしげ》・毛屋猪介《けやいのすけ》らの朝倉家旧臣、稲葉良通《いなばよしみち》・稲葉彦六・氏家直通《うじいえなおみち》・伊賀《いが》伊賀守（安藤守就《あんどうもりなり》）・不破光治《ふわみつはる》・不破直光《なおみつ》らの美濃衆《みののしゅう》、磯野員昌《いそのかずまさ》・阿閉貞大《あつじさだひろ》らの近江《おうみ》衆、粟屋勝久《あわやかつひさ》・逸見昌経《へんみまさつね》・内藤重政《ないとうしげまさ》・熊谷伝左衛門《くまがいでんざえもん》らの若狭武田《わかさたけだ》氏旧臣、一色《いっしき》氏らの丹後州である。

信長は、八月十四日、敦賀《つるが》に赴き、翌日も同所に滞在している。光秀は、十四日に坂本《さかもと》において吉田兼和《よしだかねかず》の訪問を受けているので、若干遅れて越前に向かうこととなった（『兼見』）。翌十五日、光秀・秀吉軍は、若林長門父子ら二、三百人を討ち捕り、首級を敦賀において信長に進覧している。ついで、光秀・秀吉軍は、府中《ふちゅう》において加賀《かが》・越前両国の一揆勢二千余を斬った。『公記』には、「手柄の程是非に及ばず」と光秀の活躍した様子が記されている。同月二十三日、信長は、一乗谷《いちじょうだに》（福井県福井市）に陣を設定した。光秀は、柴田勝家・長岡藤孝・別喜広正の軍勢とともに加賀国まで進軍していた。

八月二十一日付で丹波国の小畠永明に送った光秀の書状には、現在は豊原《とよはら》（福井県坂井市）に在城し、明後日二十三日に加賀へ進軍する。まもなく加賀は、平定できるので、ただちに丹波に向かい桑田《くわた》郡宇津（京都市右京区）の宇津頼重《うつよりしげ》を攻略する旨を伝えている。あわせて、馬路《うまじ》・余部（京都府亀岡市）の在城の衆は油断なく行動するように指示を出している（大阪青山歴史文学博物館所蔵「小畠文書」、『亀岡市史』、『明智史料』六〇）。なお、光秀が丹波を離れている間、小畠永明《ながあき》は、負傷したようだ。

八月二十八日、信長は、豊原に滞在した。ついで、九月二日、北ノ庄（福井県福井市）において、要害の普請の様子を視察している。そして、越前国の八郡を柴田勝家に、大野《おおの》郡を金森長近《かなもりながちか》と原長頼《はらながより》に、そして不破光治・佐々成政《さっさなりまさ》・前田利家《まえだとしいえ》の三人に二郡を与えた。あわせて、越前国の統治に関して九箇条からなる掟《おきて》が示された。まさに、信長による主要な家臣を配置し、分国《ぶんこく》を統治する支配体制の構築である。

九月十四日、信長は、豊原から北ノ庄に移り、加賀・越前の諸侍の挨拶を受けた。信長の帰陣の様子を聞きつけた加賀奥郡《おく》の一揆勢が押し寄せたのである。これに対して秀吉は、急ぎ馳せ参じた。『公記』には、「羽柴筑前、天ノ与フル所の由候て懸付け、一戦に及び、究竟の者頸数弐百五十余討捕り、是より帰陣」と記録されていて、秀吉は、自分をアピールする絶好の機会が到来したと捉え、取り急ぎ信長の許に参上し、一揆勢を切り捨て、主君を警護してみせたのである。非常に上手に振る舞う秀吉と実直に行動する光秀との違いの一例ではなかろうか。

信長は、九月二十六日、岐阜に帰城している。光秀は、二十三日に坂本に戻っている。山城国《やましろ》愛宕山威徳院《あたごやまいとくいん》に宛てた光秀の書状によると、越前の国内は平定されたことや、加賀国の代官職を任され、過半はその処置が終了したことが分かる（「威徳院文書」、『信長文書』補遺一六二）。光秀らしい、適切で迅速に事務処理を済ませたのである。

丹波方面攻略の開始

光秀は九月に信長より丹波方面に出陣を命じられている。ここに、三年余の長期戦となる攻略戦が展開されることになる。谷口克広氏は、信長によって展開される方面体制の原形がここにあると指摘している（『信長軍の司令官』）。いずれにしても、信長は、攻略が難しいと想定される丹波方面に光秀のこれまでの実績を考慮し配置したのである。『公記』九月二日頃の記録には次のようにある。

惟任日向守直に丹後へ相働くべきの旨に候。
一、丹後国、一色殿へ参らせられ候。
一、丹後国(波)桑田郡・舟井(船)郡・細川殿へ進せられ、

信長は、光秀に対して、丹後(丹波)方面に出陣するように命令している。丹後については、これまでの国主一色《いっしき》氏の支配権を安堵し、丹波国の桑田・船井については、細川(長岡)藤孝に分与している。

光秀は、九月十六日付で小畠永明に書状を送り、二十一日に丹波に出陣する旨を告げた(大阪青山歴史文学博物館所蔵「小畠文書」、『亀岡市史』、『明智史料』六一)。あわせて、傷の養生をしている永明の容態を気遣い、出陣には及ばず、「わかき衆」の差し出しを求めている。永明がたとえ、回復していたとしても寒天につき遠慮したほうが良いとも慮った。もし、案内を依頼するときは、乗り物でも構わないと伝えた。光秀の心配りといったところか。

同月二十一日に光秀は、愛宕山威徳院に対して、丹波方面攻めに関する祈念のために銀《ぎん》子《す》五枚を奉納している(『明智史料』六二)。先述のように、光秀は九月二十三日に越前から坂本に戻っており、二十三日以降に丹波への出陣になる。

この丹波方面の攻略に際し、当然ではあるが、光秀や長岡藤孝は、信長に対して逐次戦況の報告をしていた。信長から藤孝に宛てた二通の黒印状《こくいんじょう》はなかなか面白い内容が書かれている（『細川家文書』、『信長文書』五六三・五六四）。

十月八日付の黒印状では「播州并《ならび》に丹後表に就きて、重ねての注進祝着の至り候、（中略）丹州の事、惟任かたよりも具《つぶさ》に申し越し候、誠にせいを入れられ、度々申し越され候、喜悦の至りに候、明後日十、上洛すべく候間、猶以って聞き届け申し付くべく候、委曲面を期し候、筆を抛《なげう》ち申し候」と記されている。

十月九日の黒印状では「丹波面の儀に就きて、重ねて委曲申し越され候、其の意をえ候、先刻具に惟任注進候、示し越され候ごとくに、明日十、上洛すべく候程、追って相談すべく候」とある。

光秀は、丹波方面の攻略の状況を信長に緊密に報告し判断を仰ぎ、最高指揮官の思いどおりに戦闘を遂行していた様子が窺える。光秀にも増して藤孝の報告の仕方を褒めている。信長は多方面に展開する部隊からそれぞれ情報を入手し、適宜指示を出し、意のままに戦闘を操作していたことが分かる。部隊の複数展開を可能にしている。信長の指揮システムの見事なところを確認できるのである。正確で詳細な情報を入手することは、あらゆる戦闘で必須条件であることはあらためて述べるまでもない。

光秀は、丹波奥三郡（氷上・天田・何鹿）に勢力を誇る足利義昭方の荻野《おぎの》（赤井）直正《なおまさ》に対して、その居城黒井城（兵庫県丹波市）を攻囲している。十一月二十四日付の吉川元春《きっかわもとはる》宛の但馬《たじま》の八木豊信《やぎとよのぶ》なる者の書状によると、丹波の国衆の過半は光秀に与したという（『吉川家文書《きっかわけもんじょ》』）。この段階では、光秀の丹波攻めは順調のようにみえる。

長宗我部氏との交渉

この頃、光秀は信長と長宗我部元親《ちょうそがべもとちか》との交渉の仲介をしている。後述するように本能寺《ほんのうじ》の変における光秀の行動に大きな影響を与えたのは、長宗我部氏との関係であった。その連携が始められたのは、この時期とみられる。次の書状は天正三年十月二十六日付で元親の息弥三郎（信親《のぶちか》）宛の信長の書状である（「土佐国蠹簡集《とさのくにとかんしゅう》」、『信長文書』五七三）。

惟任日向守に対する書状披見せしめ候、仍って阿州面に在陣尤に候、弥《いよいよ》忠節を抽《ぬき》んぜらるべき事簡要（肝）に候、次に字の儀、信を遣わし候、即ち信親然るべく候、猶惟任申すべく候、謹言

十月廿六日　　信長

長宗我部弥三郎殿

図10　長宗我部元親（秦神社所蔵）

「長宗我部側から光秀に送った書状を見た。阿《あ》波《わ》方面に在陣することは問題ない。忠節を尽くすことがもっともである。信の字を与え、信親の名がもっともである。光秀が詳しいことは伝える」と記している。長宗我部氏と光秀との関係は、光秀の重臣斎藤利三《さいとうとしみつ》の兄石谷頼辰《いしがいよりとき》の義妹が元親の正室という関係もあり、長宗我部氏は、光秀を介して信長と交渉を開始した。信長は、弥三郎に「信」の字を与え、信親と名乗らせたのである。ただし、偏諱《へんき》については、後述するように天正六年とも考えられる。光秀と長宗我部氏との関係は、本能寺の変が勃発するまで継続することになる。

なお、長宗我部氏との交渉以外で天正三年に仮定される出来事として、次の二点が挙げられる。一点目は、十一月二十一日付で、志賀郡と高島《たかしま》郡の郡境に関する紛争の調停をしたこと（「伊藤晋氏所蔵文書」、『明智史料』六六）。二点目は、十二月二日付で丹波国の村々の百姓中に徳政令《とくせいれい》を実施したことである（「森守氏所蔵文書」、『亀岡市史』）。

波多野秀治反旗

天正四年（一五七六）も年が明けて、引き続き丹波平定に向けて戦闘が続けられている。光秀は丹波の陣で年を越した。ここで、光秀にとって厄介な事が起こった。丹波八上城《やがみ》（兵庫県篠山市）の波多野秀治《はたのひではる》が反旗を翻したのである。そして光秀は、敗北を喫してしまった。

『兼見』同年正月十五日・二十一日条には、「丹州黒井の城、荻野悪右衛門在城也、旧冬以来惟任日向守取り詰め在陣也、波多野別心せしめ、惟日在陣敗軍せしむると云々」「惟任日向守丹州より上洛、直に坂本へ下向の間、白川に至り罷り出で、今度不慮の儀驚き入るの由申し了んぬ」とある。また、『言継』同年正月十五日条には、「一、明智日向守丹州陣敗軍す、悉く敗北と云々」と記録されている。光秀は、思いもよらない波多野秀治の行動の前に、敗退し、坂本まで退陣せざるをえなかった。光秀の敗北の報は公家社会にも告げられたのである。なお、正月二十六日には、赤井直正の弟幸家《ゆきいえ》は吉川元春に対して丹波への出兵を依頼している。

二月十六日、坂本において光秀は再び兼和の訪問を受け、明後日の十八日、丹波に向かうことになった。どうやら光秀はしばらくの間、丹波を離れていたらしい。

光秀は、荒木藤内に対して、赤井直正の黒井城攻めに関して二月二日付で感状《かんじょう》を発給している（「泉正寺文書」、『明智史料』六八）。また、二月二十日付で、光秀は、丹波国船井郡曽根村惣中《そうちゅう》に宛てて氷上《ひかみ》郡周辺における百姓中の馳走を褒め、諸役・万雑公事《まんぞうくじ》を免除する旨を伝えた（「丹波関係古文書」、『亀岡市史』、『明智史料』六九）。船井郡は、丹波でも中央部分であり、徐々に丹波において光秀方による在地支配が展開されている様子が分かる。

各地を転戦

『言経』三月二十八日条によると、光秀は、信長の命により、二条晴良邸《にじょうはれよしてい》にするための報恩寺《ほうおんじ》の改修を命じられている。光秀は、微細な仕事も任されているのである。なかなか、重宝がられている。ちなみに、旧二条邸は、整備されて誠仁《さねひと》親王の御所《ごしょ》となり、本能寺の変の際には、信忠軍がここにおいて光秀軍と交戦した。

光秀は、四月十四日に荒木村重・長岡藤孝・原田（塙）直政とともに大坂本願寺《おおさかほんがんじ》攻めを命じられている。荒木村重は、尼崎《あまがさき》より海上から進攻し、大坂より北方の野田《のだ》に砦を構え敵方の水路を遮断させた。光秀と藤孝は大坂より東南の森口・森河内に砦を構え、直政は天王寺《てんのうじ》に要害を頑丈に造った。天王寺砦には、光秀と佐久間信栄《のぶひで》がついた。

五月三日早朝、先手として三好康長《みよしやすなが》、根来《ねごろ》・和泉《いずみ》衆、二番手として原田直政、大和《やまと》・山城衆が対応したが、大坂方の一万の軍勢と数千丁の鉄砲《てつぽう》による猛攻のため、信長の重臣直政が討死《うちじに》するという激戦が展開された。その大坂方の一揆勢は天王寺に在陣する光秀・佐久間信盛・猪子兵介（高就または高然）等の軍勢を取り囲んだ。光秀自身、危機的な状況であった。信長は、京都に滞在していたが、救援のため出陣した。一万五千人程の敵に対し、信長方は三千人ほどであったが、信長自らも奮戦し、二千七百余名を討ち取った。そして大坂方を包囲する形で十ヶ所の付城を構築している。以後、信長は本格的に本願寺勢力と対決することになったのである。

この激戦の直後の五月十日、光秀は、万見仙千代《まんみせんちよ》（重元）とともに信長の使者として筒《つつ》井順慶《いじゆんけい》の許を訪れている。順慶は、奈良にいたと思われる。『多聞院』には、「和州一国一円、筒井順慶存知あるべきの由、信長ヨリ明智十兵衛・万見専(仙)千代両使ニテ、申し出さるるの由」と記されていて、順慶に大和一国が任されたことが分かる。そしてこの頃には、順慶は、光秀の配下として活動することになった。

光秀は、この間、病を患った。『兼見』五月二十三日条には、「惟日以ての外所労により皈陣し、在京也、罷り向かう、道三(曲直瀬道三)療治すと云々」と記録されていて光秀は、丹波攻め・大坂本願寺攻めと連戦であり、激務と辛労のためか、体調がすぐれないため、帰京

図11　曲直瀬道三（『医家先哲肖像集』）

し、医師曲直瀬《まなせ》道三《どうさん》から治療を受けていた。同月二十六日には、信長から見舞の使者が光秀の許に送られた。吉田兼和は七月十四日に坂本《さかもと》城の光秀のところに見舞いに赴いている。九月十九日には、道三が坂本の光秀の許を訪ねているので、この段階では病は平癒していなかったと推定される（『言継』）。

光秀の女房衆《にょうぼうしゅう》も体調が悪かったようで十月十日、吉田兼和に病気平癒の祈念を依頼している。女房衆は快方に向かったとみられ、光秀は同月二十七日、祈念の礼として銀子一枚を贈っている。光秀は、女房衆のため暫く在京していた。

十一月十四日、光秀の妻が死去した（「西教寺過去帳《さいきょうじかこちょう》」）。この死去した人物が体調を崩した女房衆で、かつ正室妻木《つまき》氏であるかは確定できない。

雑賀・大和攻め

年も明けて天正五年（一五七七）となった。この年の光秀は、紀伊《きい》国雑賀一揆《さいかいっき》攻め・大和攻め、そして、丹波攻略戦を再開することになる。

正月晦日付の長沢又五郎・小畠佐馬進永明等に宛てた光秀の書状には「来る五日より十日に至り、亀山惣堀普請申し付け候」と記されていて（大東急記念文庫蔵『小畠文書』、『新修亀岡市史』、『明智史料』七二）、亀山城《かめやま》（京都府亀岡市）が整備されることになった。この亀山城は、丹波攻略、そして統治においてその拠点になっていく。

二月、光秀は、雑賀攻めに従軍している。二月十日付の長岡藤孝宛の信長朱印状によると、信長は藤孝に対して河内《かわち》方面に出陣するように命じている。そして、光秀と荒木村重にも同様に申し伝えたので、よく相談して軍事に当たるように指示している（「細川家文書」、『信長文書』六八三）。信長自身も出馬し、浜手・山方の両面から攻撃を進めた。山方は、佐久間信盛・羽柴秀吉・荒木村重・別所長治《べっしょながはる》・堀秀政《ほりひでまさ》らであり、光秀は浜方として滝川一益・丹羽長秀《にわながひで》・長岡藤孝・筒井順慶と行動を共にしている。三月一日には、鈴木孫一《すずきまごいち》（重秀《しげひで》）の居城を攻撃した。鈴木孫一・土橋守重《つちばしもりしげ》らは信長の前に屈した。光秀は、信盛・長秀・秀吉・村重とともに佐野《さの》の防備のために砦に残し置かれた。

当年に発給したとみられる六月十二日付の雑賀衆《さいかしゅう》土橋平尉重治（守重の弟）に宛てた光秀の書状によると入洛して信長に謁見するように指示し、高野山《こうやさん》・根来衆《ねごろしゅう》・雑賀衆が相談して和泉・河内に出陣するのが良いとし、あわせて近江・美濃《みの》国は平定したとも伝えた（「森文書」、『信長文書』七二〇）。

戦闘の最中の四月五日から七日の三日間、愛宕山で里村紹巴《さとむらじょうは》・昌叱《しょうしつ》・藤孝・津田宗及《つだそうぎゅう》らと千句連歌《せんくれんが》を興行している。光秀は千句という大掛かりな連歌会を興行したのである。光秀の連歌に対する意識も高く、たんなる武将としての嗜みとしての連歌を越え、本格的に連歌に興じていたことが分かる。

七月の末に、雑賀の一揆勢が活動を再開した。信長の側近万見仙千代は、和泉淡輪《たんのわ》城（大阪府岬町）の淡輪鉄斎らから雑賀衆攻撃の報告を受けた。光秀の方へ軍勢を増員すべきと万見仙千代から指示が出されている（「淡輪文書《たんのわもんじょ》」、『信長文書』七三〇）。光秀は和泉方面に出陣していたとみられる。

今度は、松永久秀《まつながひさひで》が反旗を翻し、信貴山城《しぎさんじょう》に立てこもったのである。『公記』には、八月十七日と記録されている。

光秀は、九月十四日に上洛して連歌会を興行している（『兼見』）。この頃光秀は、京都にいたことがわかる。

十月一日、光秀は、松永久秀の配下の者が守備する片岡《かたおか》城（奈良県上牧町）を長岡藤孝・筒井順慶・山城衆とともに攻撃し落城させている。城主の森・海老名《えびな》氏をはじめとして百五十人余が討死している（『公記』）。『多聞院』の同日の記録には、「片岡城今日セメキリ、ヱヒナ河人始テ七十ハカリ無残に死に了んぬ、明智衆モ大勢損い了んぬと云々」と記されており、双方に大きな損害があった。ここにみる「明智衆」について、『多聞院』の記主は、たんに明智方の衆と捉えていたか、あるいは藤孝・順慶が主従性のある光秀の配下の衆と把握していたかは不明である。

今般の光秀・藤孝の働きに対して信長は激賞し、感状を出している（『公記』）。ついで、十月十日、光秀軍は織田信忠《のぶただ》・信盛・秀吉・長秀らの軍勢の一員として、信貴山城の久秀を攻めここに自害させている。

松永久秀の没後、光秀は、再び丹波に向かった。十月十九日には、籾井城《もみい》（兵庫県篠山市）を攻めたのである（『兼見』）。十一月十七日付の宛所不明の光秀の書状には、「多紀在陣（丹波多紀郡）の儀に就き、見舞として御状殊に鴨五贈り給い候、誠に毎々御懇の段謝り難く候、彼表の様子籾井両城乗っ取り、競を以て郡内敵城十一ヶ所落去候、これに依り荒木・波多野両城に罷り成り候」とあって、籾井城を乗っ取り、郡内の敵城十一ヶ所を攻め落とした。これにより、荒木村重・波多野重治の城に敵方は退いたと光秀は状況を連絡している（「熊本三宅文書」、『明智史料』七三）。

処世術

この年（天正五年）、羽柴秀吉は、十月二十三日に小寺（黒田）孝高の居城姫路《ひめじ》城に入城し、中国攻めに取り掛かっている。信長が各地に展開させた方面隊のうち、ここに秀吉を指揮官とした中国方面隊が展開されることとなる。

ところで、強烈な性格である主君信長への秀吉の対処能力を示す一例が『公記』天正五年十月二十八日条に記されている。そこには、秀吉が「播磨《はりま》国中、夜を日に継いで懸けまはり、悉《ことごと》く人質執り固め、霜月十日比には播磨表隙《すきあき》明申すべきの旨」と記録されていて、秀吉は、播磨侵攻に際し、昼夜を分かたず奔走し、播磨の諸将から人質を集めたとある。この秀吉の尋常では考えられない迅速な働きに対して信長は秀吉を認め、播磨から一時、離れて帰国するように朱印状をもって伝えた。しかし、秀吉は、まだ働きが足りないとして但馬方面を攻めて、山口岩洲（津）（兵庫県朝来市）の城を陥落させ、竹田《たけだ》城（同所）を攻略させている。秀吉がここまで奮闘したのは、この二ヶ月ほど前に北陸方面における戦闘の際に、柴田勝家と衝突し、戦線を勝手に離れて信長から激怒されていたからである。秀吉は、抹殺される可能性もあったが、この猛烈な行動力をアピールすることによって叱責を回避することができたのである。ここで光秀と秀吉を単純比較するならば、秀吉は気性が激しい信長に対して、危機を回避する対処能力に優れていた。先に触れた信長が一向宗《いっこうしゅう》門徒に包囲された際、急行した事例にも示されるように、とてもパフォーマンスが巧みであり、光秀にはこの点は感じられないような気がするが、いかがだろうか。

なお、秀吉は、その後、赤松政範の上月城《こうづき》（七条城とも。兵庫県佐用町）と福原助就《ふくはらすけなり》が守る佐用城（福原城とも。同所）を黒田官兵衛孝高《くろだかんべえよしたか》の働きなどにより、陥落させている（諏訪巻末）。

十二月二日、光秀は、紹巴・藤孝等と百韻《ひゃくいん》の連歌を興行している。一息ついたのである。

信長随一の家臣

安土参賀

天正六年（一五七八）正月一日、有力武将達は安土《あづち》の信長の許に正月参賀に訪れた。『公記』の内容は次のとおりである。

五畿内・若狭・越前・尾張《おわり》・美濃・近江・伊勢《いせ》、その他隣国の諸将が御礼に訪れた。まず、朝茶の会が催され、織田信忠・武井夕庵《たけいせきあん》・林秀貞《はやしひでさだ》・滝川一益・長岡藤孝・光秀・荒木村重・長谷川与次《はせがわよじ》・羽柴秀吉・惟住長秀・市橋長利《いちはしながとし》・長谷川宗仁《はせがわそうにん》の十二人に御茶が下された。御座敷《ざしき》は右勝手六畳敷であった。床に玉 澗《ぎよくじゆん》筆「岸の絵」が掛けられ、東に「松嶋」、西に「三日月」の茶器が飾られている。そして、帰花水指、珠光茶碗《じゆこうちやわん》が用いられ、囲炉裏《いろり》には姥口釜《うばぐちかま》が掛けられた。その後、光秀らは、御殿《ごてん》内の居所まで案内され、当代屈指の絵師狩野永徳《かのうえいとく》による濃絵《だみえ》（障壁画《しょうへきが》）を見せられた。そこには、各所からさまざまな名物《めいぶつ》が集まっていたのである。

この参賀を通じて光秀が、林秀貞・滝川一益らとともに信長家臣中において主要メンバーとして確認できることはあらためていうまでもない。ここで重要なことは、信長が蒐集した名物茶器や永徳の絵画を家臣にみせつけその権威を示し、その栄誉に浴することができる限られた家臣の一人が光秀であったことである。所謂「御茶湯御政道」の話になる。

御茶湯御政道

信長と茶の湯について、田中義成氏は、「天下経論の一策」とし信長が政治的に活用していたことを指摘した（『織田時代史』）。その田中氏の見解を具体化したのが、桑田忠親氏である。茶湯政道とし、信長の収集した名物茶器を家臣に下賜するという行為に関して、茶の湯と政治の関連性について説明し、茶会は信長が政道のうえから、一般の武将では開くことができず、信長の許可を得て初めて開くことができるとした（『武将と茶道』、『太閤書信』）。さらに米原正義氏は、信長から信忠への名物茶湯道具の譲り渡しについても触れ、「御茶湯御政道」として、これまでの信長と茶の湯についいて、より具体的な考え方を提示した（米原巻末）。そして、谷端昭夫氏により、家臣との茶の湯の関わりについては、名物茶器の授与・茶会の開催・信長の茶頭の参席による

図12　織田信忠（大雲院所蔵）

茶会の開催と段階のあることを指摘した（『茶の湯の文化史』等）。ついで、竹本千鶴氏は「ゆるし茶湯」という語句を用いて信長と茶の湯について説明している（『織豊期の茶会と政治』）。これまでの先行研究を踏まえるならば、信長から下賜された茶器を使用して茶会を催すことができるのは、特別に許可されたものであり、信長の家臣であるならば、このうえないステータスであり、成功の証となる。

信長は天正三年十一月二十八日に家督《かとく》を長男信忠に譲ったとされる（『公記』）。その信長は、天正五年十二月二十八・二十九日に、安土城において次の十一種の名物の茶の湯道具を信忠へ渡した。

初花肩衝《はつはなかたつき》・松花・雁の絵・竹の子花入・くさり・藤波釜・道三茶碗・内赤の盆・珠徳
竹茶杓・大黒庵所持瓢箪炭取・高麗箸

初花肩衝・雁の絵は、信長が永禄十二年四月頃、京都上京の人々から召し上げた名品である。父信長から「此の道具を以て茶湯させせられ、各に見せられ候」（『天正六年茶湯記』）と言われていた信忠は、天正六年正月四日に安土の万見仙千代邸において名物を披露する茶会を催した。参会者は、松井友閑《まついゆうかん》・武井夕庵・林秀貞・滝川一益・長谷川与次・市橋長利・惟住長秀・羽柴秀吉・長谷川宗仁の九名であった（『公記』）。この信忠と茶の湯に関する一連の動向は、信長から名物を拝領し、特別に許可された者にのみ開くことができる点を提示するとともに、家臣たちに対して信忠への家督の継承を明示する意味でも、政治的な色彩の濃いものである。

信長の家臣で特別に茶会を張行できた者として、羽柴秀吉が知られる。秀吉は、天正四年七月一日、安土城普請に際し、粉骨砕身の働きに対して牧谿《もっけい》筆大軸の月の絵を受領した。ついで、同五年十二月十日、但馬・播磨攻めの功労を讃えられ、安土城において乙御前釜を拝領している。そして、同六年十月十五日、播磨三木《みき》城の付城で、津田宗及を招いて口切の茶事を催した。このとき、信長から拝領した乙御前釜・牧溪筆大軸の月の絵が使用された。信長から受領した茶の湯道具を使用した特別の茶会であった。

信長没後の同十年十月十八日付で織田信孝の家臣斎藤利堯《さいとうとしたか》・岡本良勝《おかもとよしかつ》に宛てた秀吉の書状によると、「御茶湯御政道」として信長より特別に許可されていたと記している（「金井文書」、「太閤書信」）。

さらに同九年十二月には、一連の中国地方攻めの功績に対して、信長から名品が授与されている。『公記』には、「今度、因幡《いなば》取鳥、名城と云ひ、大敵と云ひ、一身の覚悟を以て、一国平均に申付けらるゝ事、武勇の名誉前代未聞の旨、御感状をなされ、頂戴、面目の至り申すばかりなし。信長公御満足なされ、御褒美として、御茶の湯道具十二種の御名物、十二月廿二日御拝領候て、播州へ御帰国なり。」と記録されている。同月二十三日付今井《いまい》宗久《そうきゅう》・宗薫《そうくん》宛の秀吉の書状によると、信長から秀吉に与えられた茶の湯道具として「雀の絵・砧《きぬた》の花入・朝倉肩衝・大覚寺《だいかくじ》天目・尼崎台・珠徳茶杓・火鉢《ひばち》・高麗茶碗《こうらいちゃわん》」が記されている（「小林文書」、『太閤書信』一九）。

重臣としての茶の湯

信長家臣団において秀吉以外に信長から、拝領の道具を使用しての許可を得ていたのは、光秀・佐久間信栄・村井貞勝《むらいさだかつ》・野間長清《のまながきよ》である。滝川一益・丹羽長秀・柴田勝家についてもその可能性があるという（竹本前掲書）。

光秀は、天正六年正月十一日、居城坂本城において津田宗及・平野《ひらの》道是・銭屋宗訥《ぜにやそうとつ》を招いて茶会を催した（『宗及他会記』）。元日《がんじつ》に信長から拝領した八角釜を披露する会である。

茶頭は、千利休《せんのりきゅう》とともに当代の茶の湯を牽引する津田宗及が務めた。信長から拝受した牧渓筆椿の絵もかけられた。そして、茶の湯が終了して龍の緞子《どんす》を見ている。これまた信長から授けられた品である。

食事が振舞われ、信長からもたらされた生鶴の汁が出された。食事についても信長の権威を明示するものである。ついで、光秀は、宗及に白綾《しらあや》の小袖《こそで》と茶の織色《おりいろ》の小袖一重を与えた。これは、安土へ年頭の礼のときに着用するために授けられたものと記されている。たんなる宗及への配慮とみるか、宗及が光秀の配下であることを示すためなのであろうか。

かくして、この会は、信長から拝領した品々を披露する機会となっていた。光秀は、織田政権において羽柴秀吉・佐久間信栄とともに特別の存在であることを示すのである。光秀の織田政権における立場は、より一層上昇した。

丹波・大坂攻め

天正六年正月二十九日付の光秀書状によると湖西で活動する伊藤同名中に対して近江国高島郡と滋賀《しが》郡の境を流れる鵜川の開削を命令している（「伊藤晋氏文書」、『明智史料』七四）。光秀の統治する志賀郡と高島郡の境目の鵜川を開発し、領域内における河川流通の確保を図っている。

三月、光秀は丹波出陣の命を受けた。

三月四日付の長岡藤孝宛の信長の朱印状によると、信長は、近日中に丹波に向けて出馬するように藤孝に命令している（「細川家文書」、『信長文書』七五八）。この書状で「多紀郡等への道路は、二十日までに人馬の往還の確保のため復線でも複々線でも整備せよ。大軍が通過するためである。そのことをしっかりと理解した上で油断があってはならない」と伝えた。当然といえば当然であるが、信長は相当細部にわたって指示を出しており、意のままに軍勢を動かしていたことが分かる。

三月九日に、藤孝は光秀の許を訪れており、丹波攻めに関して調整が図られたのであろう（『兼見』）。翌十日、聖護院道澄《しょうごいんどうちょう》の発句による百韻連歌会が催された。特に注目されるのは、重臣斎藤利三が七句、光秀の長男光慶《みつよし》が一句詠んだことである。先に触れたように天正二年閏《うるう》十一月二日の段階で光秀のもう一人の息子自然丸が連歌会に出席しており、光秀の家族や家臣達の間でも積極的に連歌を嗜んでいたことである。この連歌会は、坂本城における丹波出陣戦勝祈念連歌と想定される（米原正義「文化人としての明智光秀」『明智光秀のすべて』に所収）。光秀の軍勢は三月二十日、丹波に出陣したとみられる。滝川一益・丹羽長秀の軍勢も出陣し、波多野《はたの》氏の居城である丹波八上城を包囲した。

ところが、光秀は四月四日には、織田信忠を大将とした大坂攻めに参戦を命じられた。

明智次右衛門らを残し、遊軍として大坂に向かったのである。織田信雄・織田信包・織田信孝・津田信澄・滝川一益・蜂屋頼隆・丹羽長秀ら尾張・美濃・伊勢・近江・若狭・五畿内の衆が参戦した（『公記』）。四月五日・六日の両日に大坂周辺の麦苗をことごとく薙ぎ倒したのである。

再び、光秀は丹波に戻った。四月八日、丹波亀山城で連歌を興行したとされる（『綿考《めんこう》輯録《しゅうろく》』）。『公記』の記録には「四月十日、滝川・惟任・惟住両三人丹波へ差遣はされ、御敵城荒木山城居城取巻き、水の手を止、攻められ、迷惑致し降参申し退散。去て惟任日向守人数入置き」とあって、光秀は、滝川一益・丹羽長秀とともに丹波に派遣され、荒木氏《うじ》綱《つな》の守る細工所《さいくしょ》城（丹波篠山市）の水手を遮断し攻囲した。そして降参・退散させたのである。ついで光秀は兵力を同城に残し置いた。

播磨へ出陣

前年の天正五年には、上月城が織田方になり、かつての山陰の雄尼子《あまこ》氏の再興を企図する勝久《かつひさ》とその家臣山中鹿介幸盛《やまなかしかのすけゆきもり》が在城し、毛利方に対峙していた。天正六年二月に、播磨三木城主別所長治が信長方に離反している。天正六年四月、毛利方に寝返った別所長治を支援するため、芸州衆（毛利軍）とこれに連携する雑賀衆が兵船をもって攻撃を仕掛けた。四月の中旬に毛利勢は、吉川・小早川の大部隊をもって上月城に攻め寄ったのである。混沌とした播磨方面に光秀は、四月二十九日に、滝川一益・丹羽長秀とともに出陣することになった（『公記』）。

信長は五月一日に、軍勢を大動員して強行に播磨方面を攻撃する旨を、光秀・佐久間信盛・滝川一益・丹羽長秀・蜂屋頼隆に伝えたところ、光秀たちは、播磨の地は、地形が険しく、節所（山道などの通行が厳しいところ）と節所の合間に要害を構え敵を迎え撃つ準備をしており、光秀たちは自分たちが実見し、報告するので出陣を遅らせてほしい旨を信長に伝えた（『公記』）。信長に意見するのは、勇気のいることと思われるが、それほど播磨は攻略するのが難しい地ということを示している。地形と同時に別所長治らの有力武将の動きも非常に難しいところである。

風雅の心と戦陣

光秀は、この陣中において、五月二日付で連歌の師里村紹巴に書状を送っている。光秀の教養の一端を知るうえで重要であるので、全文を紹介したい（「竹内文平氏所蔵文書」、『大日本史料《だいにほんしりょう》』）。

尚々、生田にて、
ほと丶きす、いくたびもりの木間《きのま》哉《かな》、
夏ハ今朝、嶋かくれ行なのミ哉、

人丸塚のあたりにて、口より出候、時分はやく候ておかしく候、かしく

出陣以来、音問能わず候

一、去二日、明石《あかし》に至り着陣候、洪水故、一日逗留、今日四、書写に至り罷り過ぎ候。敵味方の様体、最前京都において同然に承り候。如何が成り行くべく候や。御本《ほん》意《い》、程あるべからず候。

一、承り及び候生田川、同森。それより須磨月見松《すまつきみまつ》、松風村雨の一本、つき嶋、それより明石かた、人丸塚、岡《おか》辺の里、存じ依らざる見物、誠に御辺誘引申し候わばと、事〳〵存じ出で候。

一、御在洛付いて、其の元《げん》にき〳〵しき御遊覧ども察せしめ候。今度は、西国《さいごく》と分け目の合戦候条、御気を詰めらるべくと推察せしめ候。さりながら、敵陣取りに楯籠り、合戦に及ぶべき体これなき由、申し候。藤孝、御参会候や。御ゆかしく候。叱・前・徳雲、御ことづて申したく候。恐々謹言

五月四日

光秀（花押）

「　　　惟日

臨江斎（里村紹巴）　光秀
床下」

五月二日に明石に到着し、四日には、書写山圓教寺《しょしゃざんえんきょうじ》（兵庫県姫路市）付近を通り過ぎた。戦いの最中であったが、光秀の頭の中には、在原業平《ありはらのなりひら》ゆかりの月見の松・松風村雨、『源氏物語《げんじものがたり》』に関わる須磨・明石、『大和物語《やまとものがたり》』の生田川、柿本人麻呂《かきのもとのひとまろ》を讃える人丸塚等平安朝の古典に登場する地名が浮かんだのである。尚々書《なおなおがき》には、発句を記しており、人丸塚辺りで思いついたとある。教養人として王朝文学ゆかりの地に赴くことができ、光秀の心を躍らせたことが分かる。その感動の様子を連歌の師紹巴に書状で語った。師匠を誘いたいところでもあったとも伝えた。「藤孝は連歌に参加しているのだろうか（私も参加したいところである）。そして、連歌を通じて親しかった叱（里村昌叱）・前（心前）・徳雲（施《や》薬院全宗《くいんぜんそう》）にもこの感動の様子を語ってほしい」とも紹巴に申し送った。

播磨・丹波往来

光秀は、六月に信長に対して反旗を翻し別所《べっしょ》方に属していた播磨神吉氏の居城神吉城（兵庫県加古川市）を攻めた。参戦したのは、滝川一益・蜂屋頼隆・筒井順慶・武藤舜秀《むとうきよひで》・荒木村重・稲葉良通・安藤守就・氏家直通らであった（『公記』）。

七月三日、上月城を守備していた尼子勝久が自刃し、この城は再び毛利方に落ちた。開城後、山中鹿介は囚われの身となり、毛利方に送られる際、備中阿井（岡山県高梁市）の渡しで不意打ちにあい殺害されてしまったのである。

八月、光秀の娘玉（ガラシャ）を長岡藤孝の長男忠興に嫁がした（『綿考輯録』）。これで、明智家と長岡家（細川）との一層の強化を図ることになった。以後、玉は数奇な運命を辿ることになる。

『兼見』九月七日条には、「惟日見廻として坂本に下向す。連歌也。即ち罷り上る」とあって、光秀は、ひととき、坂本に戻っている。吉田兼和は、その光秀を訪ね連歌を嗜んでいる。兼和は、その四日後の十一日にも坂本の光秀の所に行っている。その際、光秀から兼和にただちに丹波に発向する旨が伝えられた。十四日、光秀は亀山城に着陣し、十八日に、八上城の後方の山へ陣地を構築するように指示を出している。十日ほど逗留する予定であるとも伝えた（『新修亀岡市史』、『明智史料』七七）。そして、小山《おやま》・高山《たかやま》・馬堀（いずれも南丹市）の各城を落城させたという（『綿考輯録』）。光秀は、同年九月日付で、円通寺《えんつうじ》（丹波市）に対して禁制《きんぜい》を出している（「円通寺文書」、『兵庫県史』、『新修亀岡市史』、『明智史料』）七八）。光秀は、徐々に丹波方面において地歩を固めていっている。

摂津荒木村重謀叛

十月下旬、摂津《せっつ》有岡城主荒木村重が背いたのである。『公記』には、「荒木摂津守逆心を企つるの由、方々より言上候。不実に思食され、何篇の不足候哉、存分を申上候はゞ仰付けらるべきの趣にて」と記録されていて、信長は各方面から村重の逆心の様子を聞き、信じられず、何の不足があろうかと疑問を抱いた。そこで信長は、光秀・松井友閑・万見仙千代を村重の許に送り、謀叛《むほん》の有無について糺したのである。光秀が使者のひとりとなったのは彼の娘が村重の嫡子《ちやくし》村次に嫁いでおり、この関係もあり光秀が説得役に加わったのであろう。小寺（黒田）孝高も村重の説得のため有岡城を訪れたが、かえって幽囚の身となってしまう（諏訪巻末）。

村重は、使者の三名に少しも野心がないと答えた。母親を人質として差し出し、信長の許に伺候する約束を伝えた。しかし、村重は信長の許に出仕しなかった。『公記』には、「惣別荒木は一僕の身に候といへども、一年公方《くぼう》様御敵の砌忠節申すに付いて、摂津国一職に仰付けらるゝの処、身程を顧みず朝恩に誇り、別心を構へ候」と記されていて、信長は村重を特別に目を懸けて、摂津一国を任せるなど厚遇したにも関わらず、謀叛を企てるとは、言語道断であると、語気を荒げたのである。ちなみに、十月十七日付で、本願寺顕如光佐《こうさ》は、荒木村重父子に誓紙《せいし》を送り、連携を図ることを誓っている（『信長文書』七八七参考)。

十月二十五日付で長岡藤孝に宛てた信長黒印状によると、荒木村重の様子については、藤孝から逐次詳細に報告されていた。そして信長は、松井友閑・万見仙千代を遣わし、さらに光秀も派遣した。相互に談合して事を進めるように指示している(「細川家文書」、『信長文書』七八七)。結局、村重の決意に変化はなかった。村重は、長男村次の許に嫁いだ光秀の娘を送り返してきた。この娘は、その後、光秀の家臣明智秀満《あけちひでみつ》(三宅弥平次)の妻となる(『陰徳太平記《いんとくたいへいき》』)。

摂津に出陣

十一月一日付の小畠永明宛の光秀の書状によると、光秀はこの日京都にいて、永明からの書状を披見している(「小畠文書」、『亀岡市史』、『明智史料』七九)。この書状では、摂津方面は、間もなく鎮定されるであろうとし、丹波方面における永明の在陣に対して、百人分の兵糧を送ると伝えた。また、荒木村重の逆心が明確になったならば信長が出陣し、御座所を拵えることになろうかと予定も述べている。さらに荒木村重の弟重堅が山伝いに来襲しても特に問題ないとし、もしもの場合、明智秀満を亀山に行かせる。我々も一両日中に亀山に赴くことができると付け加えた。

十一月九日、いよいよ信長は、摂津に出陣することになった。翌十日、光秀は、滝川一益・蜂屋頼隆・氏家直通らと摂津大田村（茨木市太田）・猟師川（茨木川《いばらき》）周辺に陣を張った。茨木城の付城として太田郷に砦を普請している。十一月十四日に、普請に携わった光秀・丹羽長秀・蜂屋頼隆・武藤舜秀・氏家直通・伊賀伊賀守（安藤守就）・長岡藤孝が伊丹《いたみ》に軍勢を動かしている（『公記』）。

信長は、滝川一益・秀吉・光秀に対して、毛利との講和に関する勅使の下向を延引する旨を伝えている（「立入文書」、『信長文書』七九六）。荒木村重の反逆は、信長としても想定外のことであったのであろう。その動揺は隠せない。信長は毛利《もうり》氏との講和について勅諚を求めたのである。

十一月三十日付の長岡藤孝宛の信長黒印状では、藤孝の精細な報告を誉め、光秀と相談のうえ、行動することが最善であると伝えている（「細川家文書」、『信長文書』七九七）。

この間、摂津方面で活動していた光秀は、丹波方面に関して、再三、小畠永明に書状を送り戦闘に関する指示を出している。その内容も詳細である。光秀らしい緻密さを感じられる。たとえば、十一月十九日の書状では（「小畠文書」、『亀岡市史』、『明智史料』八二）、「金山《きんざん》・国領《こくりょう》の両城（丹波市・丹波篠山市）に対する守備は、何れも堅固の様子もっともである」「摂津方面では、刀根山（大阪府豊中市）・池田《いけだ》（池田市）を普請した」「高槻《たかつき》城

（大阪府高槻市）の高山右近《たかやまうこん》重友が信長の許に出頭した（信長から赦免された）。茨木城については、大略事が済んでおり、有岡城についても攻撃に着手しており、摂津国が平定するのにも時間を要しないであろう」「摂津方面に関しては間もなく平定されるであろう。二十五・六日頃までは、こちらに駐屯するが、今月中にはそちら丹波に赴くので、それまで精を入れて、対処するように、戻ったならば普請を申し付けるので道具等を用意しておくように」と申し送った。光秀は、丹波・摂津の二面展開の難しい戦闘をそつなくこなしていた。もちろん、志賀郡支配も怠りなく行っている。

なお、十二月八日、有岡城一斉攻撃の際、信長の近習《きんじゅう》万見《まんみ》仙千代重元《しげもと》が戦死している。

三田・八上城包囲

十二月十一日、光秀は、在陣していた摂津有岡城周辺から離れ、秀吉軍への援軍として、佐久間信盛・筒井順慶とともに摂津・播磨方面へ出陣し、摂津国三田城（兵庫県三田市）に向かった。十二月二十二日付、奥村源内《おくむらげんない》宛光秀書状には、有岡城攻撃もひと段落し、三田城の付城四ヶ所を構築したことや、昨日の二十一日には、丹波国多紀郡に赴いたことが記されている（「御霊神社《ごりょうじんじゃ》文書」、『亀岡市史』、『福知山市史』、『明智史料』八四）。

光秀は、反旗を翻していた波多野秀治の居城丹波国八上城に向かった。『公記』には

「惟任日向守は直に丹波へ相働き、波多野が舘取巻き、四方三里がまはりを惟任一身の手勢を以て取巻き、堀をほり塀《へい》・柵《さく》幾重も付けさせ、透間もなく塀際に諸卒町屋《まちや》作に小屋を懸けさせ、其上、廻番を丈夫に、警固《けいご》を申付けられ、誠に獣の通ひもなく在陣候なり。」と記されていて、まさに、八上城は光秀軍の手により完全に包囲された状態である。人、一人入り込む余地がないのである。

光秀にとって、この天正六年は、丹波の経略に軸を置き、信長の指示に忠実に戦陣を駆け巡った。近江（坂本城）→丹波（亀山城等）→摂津（大坂城周辺《おおさかじょう》）→播磨（神吉城等）→摂津（有岡城等）→摂津（三田城等）→丹波（八上城等）と目まぐるしく各地を転戦し、遊軍としての働きも示した年であった。光秀の行動は、信長の意図を忠実に遂行する謹厳実直な武将としての姿がみられる。多面展開を的確に処置していた。信長への情報伝達に関しては、光秀と藤孝を比較すると、藤孝の方が、より緻密に信長に戦況を報告し、信長の判断を仰いでいたようである。

年頭の儀

光秀は、信長にとって戦闘における有能な部隊指揮官として、また頭脳明晰な事務官僚として主君信長から、高い信頼を得ていた。信長家臣団の中でも高位につけていた。

昨年の正月十一日には、信長から拝領した茶器を使い、特別な茶会を催したことはすでに触れたとおりである。本年の天正七年（一五七九）正月七日に坂本城で、茶会を開いた。今回も当代きっての宗匠津田宗及を招いている。初釜と考えて良いであろう。もちろん、特別な会であり、信長から拝領した八角釜・龍の緞子を使用した信長から許可された家臣以外行うことができないものであり、光秀の織田家臣団における権威の高さを示したものである。茶の湯は、三畳で行われた。

翌八日にも光秀は、宗及・草部屋道設を招いて、茶の湯を催した。『他会記』には、「惟日テダチヲ振舞也」と記されていて、手立、すなわち陣立てを示すもので、丹波八上城の波多野氏攻略のための出陣に先立ち、戦勝を祈念する会である。床には定家《ていか》《さだいえ》の色紙《しきし》、高麗茶碗、備前《びぜん》水下（建水）が使用された。定家の色紙には、百人一首《ひゃくにんいっしゅ》のなかの源兼昌《みなもとのかねまさ》の「淡路島かよふ千鳥の鳴く声に　幾夜ねざめぬ須磨の関守」という歌が書かれていた。光秀の教養のあるところを示したものである。七日の会は、信長の重臣明智家としての新年を祝す初釜であり、八日は、出陣を賀す会となっている。

正月二十六日、八上城攻めにおいて、これまで、光秀の丹波攻めに関して奔走してきた明智（小畠）越前守永明が、討死している。光秀は、正月二十六日付書状（宛所を欠く）

において、「筆に成り難き者に候」と記し、その落胆した様子を記している（「泉正寺文書」、『明智史料』八五）。その直後の二月六日付の光秀判物案《はんもつあん》によると、光秀は永明の子息千代丸が幼少につき、十三歳になるまで森村左衛門尉が名代を務めることを定め、千代丸の家《か》督相続《とくそうぞく》を約束している（「小畠文書」、『新修亀岡市史』、『明智史料』八六）。

二つの史料で重要なことは、小畠永明のことを「明智越前」、千代丸を「明智伊勢千代丸」とし、明智姓を付与していることである。光秀は、進出の地である丹波を統治するのに当たり、在地に勢力を誇る国衆を明智姓にすることで同族意識の醸成と主従関係の創出を図ることにした。この関係をもって在地の支配および軍事における統制下に置いたのである。

八上城籠城

天正七年二月二十八日、光秀は、坂本城を発し、丹波亀山に出陣した（『兼見』）。四月四日付の和田弥十郎《わだやじゅうろう》宛光秀書状では、八上城における籠城の様子が「はや籠城の輩四五百人も餓死候、罷り出で候者の顔は、青腫候て人界の躰に非ず候、兎角五日十日の内に必ず討ち果すべく候」と記されていて、四、五百人が餓死したようで、籠城している人々の変わり果てた姿が語られている（「下条文書」、『信長文書』補遺一九九）。和田弥十郎については、『信長文書』の解説では、丹後国与謝郡《よさぐん》明石村（京都府与謝郡与謝野町明石）の小字に和田があることから、和田弥十郎の本貫《ほんがん》をこの地に比定したいとしている。四月十五日、光秀は丹波より信長に馬を献上した。この馬は、光秀にあらためて下賜されている。

非情な光秀

八上城攻略に関して、光秀の厳しく、非情と捉えることができる書状がもう一通伝えられている。すでに桑田忠親氏『明智光秀』に読み下し文が掲出されているところであるが、本能寺の変における光秀の心理状況を読み解くうえでも重要と思われるので、本書でも提示することにしたい（「小畠文書」、『新修亀岡市史』、『明智史料』九二）。

些少ながら、初瓜一遣わし候。賞翫尤もに候。已上

城中調略の子細候間、何時に寄らず、本丸焼き崩す儀、これ有るべく候、さ候とて請け取り候備えを破り、城へ取り付け候事、一切停止たるべく候、人々請け取りの所相支え、手前へ落ち来り候者はかり首これを捕らえるべく候、自余の手前へ落ち候者、脇より取り合い討ち捕り候事あるまじく候、たとい城中焼き崩れ候とも、三日の中は、請け取り候の陣取り蹈むべく候、其の内に敵落ち候者捨て遣わせしめ討ち殺すべく候、さ候わずば、人数かた付け候、味方中の透間と見合わせ、波多野兄弟足の軽き者ども、

五十・三十にて切り勝ち候儀これ有るべく候、これより彼□相蹈むべきと申す事に候、もしまたまたつれ出し候においては、最前書付を遣わし候人数の手わり、相励むべき覚悟有るべく候、なおもって、城落居候とて彼の山へ上り、さしてなき乱妨に下々相懸け候者、敵討ち洩らすべき候間、兼々乱妨曲事《くせごと》たるべきの由、堅く申し触れらるべく候、万違背の輩においては、仁不背に寄らず、討ち捨てたるべく候、敵においては生物の類、ことごとく首を刎ねるべく候、首に依り褒美の儀申し付くべく候、右の趣、毎日油断なく下々申し聞かさるべく候、其の期に至り相残さざる物に候、其の意を得られるべく候、恐々謹言

五月六日　　　　　　　光秀（花押）

彦介殿

田中□助殿

小畠助大夫殿

宛所のうちの小畠助大夫は、先に戦死した永明の兄である。彦介・田中□助の詳細は不明である。文面は、光秀による敵方の波多野勢に対する厳しい姿勢が窺える。「城中が炎上した場合、敵兵が、自分の受持ちの所に到来した者の首を刎ねるように」「他者の持ち

場に来た敵兵を脇から奪い取ってはいけない」「たとえ城中が焼け崩れても、三日はその場を陣取り、敵が現れたならば打ち殺すように」「落城した際、味方が乱暴な行動（略奪）をして敵を討ち洩らすことのないように」「敵の生き物の類は、ことごとく首を刎ね、その首の内容により褒美を与える」と伝えた。光秀はこのように、八上城の最終戦に向けて、詳細な指示を出すとともに、軍の規律を引き締めている。攻囲の光秀方の軍勢は諸勢力により編制された雑多な集団であり、この集団に対して明確な統制を図ったのである。また、戦闘における光秀の非情さを知ることができる。敵方の人々を一人残らず処罰するという光秀の徹底ぶりには、注視すべきであろう。真面目で几帳面な光秀の武人としての厳格な対応を確認できる。

なお、『兼見』五月十八日条には、「丹州波多野在城今度惟向取り詰め、近々落着せしむべしと云々」とあって、公家社会にも近々八上城が落城することが伝わっている。

八上城落城

『公記』の六月初頭の頃の記述には「丹波国波多野の館《やかた》、去年より惟任日向守押詰取巻き、三里四方に堀をほらせ、塀・柵を丈夫に幾重も申付け、責められ候。籠城の者既に餓死に及び、初めは草木の葉を食とし、後には牛馬を食し、了簡尽果無体に罷出候を悉く切捨、波多野兄弟三人の者調略を以て召捕り」とあって、八上城を包囲した状況や、草木や牛馬を食し悲惨な様子が表現され、波多野氏が召し取られたことが記録されている。三兄弟は護送され、洛中で引き回され、坂本を経て安土まで連れてこられた。そして、六月八日、慈恩寺《じおんじ》（滋賀県近江八幡市）の町末で磔《はりつけ》になった。

光秀による波多野氏の八上城攻めが、凄惨を極めたことは確かである。ただし、敵方が籠城した場合の対応策として光秀の行動は一般的である。著名なところとしては、秀吉による別所氏が立て籠もる三木城攻めの際、食糧の補給を絶った「三木の干殺し」や同じく秀吉による毛利方が立て籠もる鳥取城攻めに関わる兵糧攻めである「渇え殺し」が知られる。『公記』には、鳥取城攻めについて「鉄砲を以て打倒し候へば、片息したる其者を、人集まり、刃物を手々に持て続節を離ち、実取り候キ。身の内にても、取分け頭能きあぢはひありと相見えて、頸をこなたかなたへ奪取り、逃げ候キ」とあって、人肉も食べる状態であったと伝えている。『公記』の記主太田牛一《おおたぎゅういち》の脚色が多分に加味されてはいるが。

光秀も他の武将と同じように、平時では考えられない、戦時における異常ともいえる厳しい心理状態で臨んでいた。

丹波・丹後平定

八上城攻めを終えた光秀は、六月二十二日の段階で坂本に在城していた。翌々日の二十四日には、大和吉野《よしの》表に出陣している（『多門院』）。

七月十八日、光秀は出陣に先立ち亀山城で、紹巴・昌叱・心前らと千句連歌を興行した。千句を催すからには、光秀がなお一層連歌に執心していたことが分かる。

翌々日の十九日、光秀の軍勢は、宇津頼重の構える宇津城（京都府京都市）を攻略した。頼重はこの城から逃散《ちょうさん》している（『公記』）。ついで、光秀軍は鬼ヶ城（京都府福知山市）へ出動し、近辺を放火し、付城を構築して守備の兵を配置した。宇津氏は、皇室御料所《ごりょうしょ》の丹波山国荘を横領しており、朝廷からは、山国荘の回復の礼として光秀に鎧《よろい》等が下賜された（『御湯殿上日記《おゆどののうえのにっき》』）。

八月九日、光秀は、赤井氏が籠城する黒井城を攻略した。『公記』には、光秀の働きぶりについて「永永、丹波に在国候て、粉骨の度々の高名、名誉比類なきの旨、忝くも御感状成下され、都鄙の面目、これに過ぐべからず。」とあって、信長から大いに褒められたのである。九月二十三日付の宛所を欠く光秀の書状には、「山へ取り上り、同廿一日より先年拙者在城申し候国領の城の上へ、深山を一里余り切り抜き、新道を付け、同廿二未明より国領へ取り懸け、申の下刻に責め破り、悉く討ち果し、三ヶ年以来の鬱憤散じ候、ここにより赤井城裏蘆田一族城三ヶ所具に掻き候処、罷り出で候、敵方正躰なき由に候」と記されている（「北尾コレクション」、『亀岡市史』、『明智史料』九四）。光秀は、この三年間の波多野氏・赤井氏への攻撃に費やした鬱憤を晴らしたと強い語調で書状を認めている。実は、光秀は気性の激しい人物でなかったかとも推察できるのではなかろうか。

光秀は、十月十二日に、新城を普請中の丹波国氷上郡加伊原（柏原《かいばら》、兵庫県丹波市）において吉田兼和の訪問を受けている。

十月二十四日には、丹波・丹後の平定を信長に報告するために安土城に赴いている。『公記』には「十月廿四日、維任日向守、丹後・丹波領国一篇に申付け、安土へ参り御礼。其時志々良百端進上候キ」とあって、光秀に丹波（丹後）を与えたとみられる。後述するように翌天正八年に佐久間信盛を追放する際に信長が示した覚書《おぼえがき》には、光秀の丹波での功績を高く評価する旨が記されている。まさに光秀は絶頂期を迎えた。信長の意のままに動く部隊指揮官としての姿を確認することができる。

なお、前年に謀叛を起こした荒木村重は、九月二日に夜陰にまぎれて五、六人の従者と有岡城を脱出した。十一月十九日、有岡城は落城した。その後、残された村重の妻を始めとして一族三十七人は、京都六条《ろくじょう》河原《がわら》で処刑された（『公記』）。ここに、光秀も遊軍として参加した信長軍による摂津攻めは、一段落したことになる。ちなみに、村重親子は、尼崎（尼崎市）・花隈城（神戸市）にあって抵抗を続けた。翌年三月村重は、毛利氏の許へ脱出し、花隈城は七月に落城している。その後、村重は本能寺の変後も生き延び、道薫と号し天正十一年一月から二月にかけてたびたび津田宗及らと茶の湯を催した。秀吉とも再会を果している。そして、天正十四年に没した。

絶頂から謀叛決行へ

中央方面司令官

拠点としての坂本

天正八年（一五八〇）正月九日、坂本《さかもと》において、茶会を催した。織田信長《おだのぶなが》から拝領した茶の湯道具を用いての特別の茶会である。天正六年から三年連続となる。信長の重臣である光秀が、世にその権威を示す初釜である。昨年には、丹波《たんば》・丹後《たんご》を平定させ、近江《おうみ》志賀郡及び丹波の領主となり、その威勢を顕示するものである。『他会記』には、次のように記されている。

（天正八年）
同正月九日朝　惟任日向守殿会

一床ニ　（錫鉢）
ス丶ハチニ紅梅之大枝一ツ、但、手水間ニのけられ候、

一長板　八角釜《かま》　風炉《ふろ》　芋頭水指、但、梅雪所持之也、

道設カウライ（高麗）茶碗《ちやわん》　備前《びぜん》水下
御振舞、従　上様《うえさま》拝領之生鶴一種　吸物《すいもの》ニ
鳥子皿、宗及ミやげニ参候皿ニ入テ
酒三遍斗、　菓子《かし》　フヲツスノヤウナルフタ之アル物ニ
書　御成之間ニ而
床ニ二フク一ツイノ絵、カケテ
本膳《ほんぜん》七ツ、金ニタミテ、　二膳五ツ、　三膳五ツ、　色々引物
従御子息小袖《こそで》二重給候、数四ツ

今回も信長から貰った八角釜が使用された。また、吸物は、嘉例として信長から贈られた生鶴が振る舞われたのである。高麗茶碗《こうらいちゃわん》と備前水下は、前年の正月八日の組み合わせと同様である。芋頭水指は、不住庵梅雪《ふじゅうあんばいせつ》が所持したものという。梅雪は、坂本の出身で京都に住んだ。信長の茶頭として、天正元年十一月二十三日の京都妙覚寺《みょうかくじ》における信長の茶会に参加し、翌二年四月三日の蘭奢待《らんじゃたい》が信長から津田宗及《つだそうぎゅう》・千利休《せんのりきゅう》に与えられた茶会でも茶頭を務めている（『他会記』）。したがって、芋頭水下も信長と関連するものである。「御成之間《おなり》」で三膳の食事がもてなされた。おそらく豪華な食事であったと思われる。御

成とあるからには、勅使や信長らの上位者を迎えるための空間である。この御成の間を信長のために用意したと捉えるならば、たんに信長を敬う意識で造ったとも考えられるし、信長の権威を借りた重臣としての自己アピールの場の設定と思料することも可能である。勅使のためと考えると天下を意識してのものと推察できるが、想像の域を超えない。会の終わりには、さまざまな引き物（引き出物）が出された。まさに、信長の重臣として豪華な初釜を催行したのである。

なお、光秀の子息が津田宗及に小袖を与えた。天正六年の初釜の際には、光秀から宗及に小袖が渡されていたことはすでに触れたとおりである。光秀の継承者を顕示する意味が込められたのであろう。米原正義氏は、宗及との親密さをわが子の代までもおよぼそうとした父親光秀の考えが知られてほほえましいと指摘している（米原巻末）。

正月二十三日、里村紹《さとむらじょう》巴《は》・昌叱《しょうしつ》らと百韻連《ひゃくいんれん》歌《が》会《え》を催している（国文学研究資料館「連歌・演能・雅楽データベース」）。参加者には、光秀の長男光慶《みつよし》や重臣斎藤利三《さいとうとしみつ》の名もみられ、明智家としての連歌会であった。正月に茶会・連歌会を明智家として行っており、文化の面でも格式が整ってきたことを示している。

光秀は、二月十三日付で、丹波丁寧寺（京都市福知山市）に対して、旧規を認め、軍勢の陣取《じんどり》や竹木を奪い取ることを禁止している（「天寧寺文書」、『明智史料』九五）。織田方（明智方）の軍勢の駐留や、敵方の残存も想定でき、福知山《ふくちやま》周辺では、不安定要素を残していたとみられる。このときの光秀の居所は、不明であるが、丹波に在国し領国経営に当たっていたとも推測できる。光秀は丹波支配についても細心の注意を払っていた。

『兼見』閏《うるう》三月十三日条には、「今日より惟任日向守坂本の城普請と云々」とあり、同月二十八日条には、「惟日この間普請也、見廻として坂本に下向す、侍従《じじゅう》を召し具し、果子一折五種、持参す、面会し、夕食を相伴し、入魂機嫌也、普請大惣目を驚かし了んぬ」と記されている。丹波の領主となり次のステップを見据えた光秀は、坂本城《さかもとじょう》の大規模な普請に取り掛かった。その普請の様子をみて、吉田兼和《よしだかねかず》は、大いに驚いたのである。まさに、坂本城は安土《あづち》城と並び織田政権の威勢を示す象徴ともなったのである。

山城・丹波支配

天正八年四月六日付で、光秀は南山城《みなみやましろ》賀茂荘《かものしょう》（京都府木津川《きづがわ》市）の柏木左九右衛門ら小土豪に対して判物《はんもつ》を出した。先年の松永久秀の没落以来柏木らが一向に出頭しないため叱責したが、種々懇願したため、赦免した。その分として千二百石の請米と夫役《ぶやく》を要求している（「南行雑録《なんこうざつろく》」、『信長文書』八六八）。奥野高広氏は、ここは多分信長の直轄領であり、光秀が代官であったろうとしている。また、谷口克広氏は、天正四年の塙直政討死《ばんなおまさうちじに》以降、南山城の国侍の支配が光秀に委ねられていたと思われると指摘している（『信長家臣』）。七月二十三日には、賀茂荘《かも》の惣中《そうちゅう》に対して、代官の下代として中新左衛門・観音寺・西三郎の三名に申付けるので年貢《ねんぐ》諸成物をこの三名に納めるように命じている。

七月付で丹波宮田《みやだ》市場（兵庫県篠山市）の条規を定めている（「丹波志」、『新修亀岡市史』）。毎月の市場の開催日を四・八・十二・十七・二十一・二十五の日に定めた。光秀による、丹波における民政の統制が実施され始めている。光秀は、この宮田のうち二百石を八月十七日付で密接な関係にある威徳院《いとくいん》に寄進した（「色々証文《しょうもん》」、『新修亀岡市史』、『明智史料』一〇〇）。また、井《い》扇助大夫《おうぎすけだゆう》に対して、九月九日付で、二百五十四斗余を新恩として宛がっている（『亀岡市史』、『明智史料』一〇一）。

長岡藤孝《ながおかふじたか》に丹後を与えられたのは、八月のことである。光秀は、八月十七日付で、藤孝の丹波支配を補佐する立場として働いている。光秀と藤孝・忠興父子との三名の連署《れんしょ》で、丹波国江尻《えじり》村（京都府宮津市）に対して禁制《きんぜい》を出した（「成相寺《なりあいじ》文書」、『亀岡市史』、『宮津市史』、『明智史料』九九）。信長は、八月二十一日付で、藤孝に対して黒印状《こくいんじょう》を出している（「細川家文書」、『信長文書』八八九）。その内容は、宮津《みやづ》に居城を普請することを了承し、光秀に朱印状《しゅいんじょう》を遣わしたので、相談して事を進めるのが肝要であると指示したのである。また、翌二十二日付の藤孝・光秀宛の信長の黒印状によると、丹後国の土豪吉原西雲《よしはらせいうん》なる者が、出仕せず、野心をもって行動したので、光秀と藤孝は西雲を成敗したことを報告し信長から高評価を得ている（「細川家文書」、『信長文書』八九〇）。かくして、光秀は、藤孝の丹後支配の指導的な立場で行動している。

この頃の光秀は、丹波を基点として、丹後方面にも関与している。

九月二十一日には、坂本で明智秀満《あけちひでみつ》の口切の茶事が開かれた（『他会記』）。光秀は、宗及・明智少《（小）》兵衛（三沢秀次《みさわひでつぐ》）・斎藤利三とともに参席しているので、坂本に戻っていたことが確認される。家臣たちの間でも嗜みとしての茶の湯が盛んに行われていた。

大和統制と順慶

丹波・丹後対策に当たっていた光秀は、九月二十五日、大和《やまと》全般の検《けん》地《ち》の上使《じょうし》として滝川一益《たきがわかずます》とともに同地へ下向し、興福寺吉祥院《こうふくじきちじょういん》（奈良市）に寄宿した。翌二十六日、大和国中の寺社・本所《ほんじょ》・諸寺・諸山《しょざん》・国衆《くにしゅう》に対して知《ち》行《ぎょう》の差し出しを命じた。同日付で興福寺東北院に宛てた光秀の書状には「昨日廿五、御上使として南都《なんと》に至り着し候、仍って当国諸給人《きゅうにん》の知行方、同じく寺社本所の差出《さしだし》候儀申し付くべき旨、御朱印を以って仰せ出だされ候、是に就き当寺領を糺明の儀申し渡すべく候条、此折紙参着次第、老者并に知行方存知衆を相催され、急度御越し尤もに候、御油断あるべからず候（下略）」と記されて、上使として光秀が各寺社に厳しい姿勢で臨んだことが分かる（「永井円次郎氏所蔵文書」、『信長文書』八九八）。『多門院』には、差出を提出するのにあたり五条《ごじょう》からなる書式を定め、起請文《きしょうもん》を認めさせたことが記されている。そして、本帳と照らし合わせ、多少でも余剰があれば、不正として惣寺領《じりょう》を悉く没収し、安土城において信長に報告しても良いという文言も誓詞《せいし》の中に加えさせた。同記には、この事態に関して「かくの如く申し来り、前代未聞是非なき次第」と光秀側の強圧的な姿勢について嘆いている。

実際に、興福寺・法隆寺《ほうりゅうじ》・春日社《かすがしゃ》等の大和国の寺社から差出が提出された。『多門院』十一月二日条には、「滝川・惟任今暁七ツ時分ヨリ帰了ト、卅八日計滞留歟、其間ノ国中上下ノ物思ヒ煩ヒ、造作苦痛迷惑、既果タル衆地獄ノ苦モ同ナラン歟」と今般の光秀・一益の厳格な対応を記録しており、大和国衆にとって大変に迷惑であったことが知られる。後述するように大和国の一部の支配権を有していた佐久間信盛《さくまのぶもり》を信長が追放したのがこの年の八月である。信長としては、あらためて、寺社勢力が隠然たる力を有している大和国を実力で支配下に置くために、重臣で事務処理能力が高い光秀を派遣したのである。光秀は、信長の意図を的確に遂行し短期間のうちに大和の寺社の差し出しを取りまとめたのである。さすがといわざるをえない。その後、大和全域の支配者となるのが筒井《つつい》順慶《じゅんけい》である。順慶は、軍事面では光秀の指揮下に入った（谷口克広『信長軍の司令官』）。

一ヶ月以上に及ぶ仕事を終えた光秀は、大和から坂本に戻り、しばらくこの地で時を過ごしている（『兼見』）。

十二月二十日朝、坂本城において光秀による口切りの茶事が行われた。筒井順慶と宗及が招かれている。光秀と順慶は茶の湯を通じても交流が図られていた（『他会記』）。この日の晩から夜にかけて、重臣斎藤利三は、宗及を正客として茶の湯を催している。このとき、光秀が所持していた道具が使用された。そのなかで「落葉之壺」を初めて見た宗及は「薬色ヨシ、口ナトタチノヒテ一段見事ニ候」と褒めており、光秀は一廉《ひとかど》の茶の湯者になっていたと思われる。

翌二十一日の朝にも会が開かれた。宗及らが呼

図13　筒井順慶（東京大学史料編纂所所蔵）

ばれた。光秀自ら茶を点てている。この時は、信長から拝領の八角釜が使用された。『他会記』には、「惟日ノ御道具色々拝見候」と記されていて、宗及は弟子の光秀の道具を見てさまざまな指南《しなん》をしたのであろう。光秀は、宗及とその子吉松（宗凡）に小袖一重ずつを与えた。

長宗我部氏との取次

光秀は、この年（天正八年）も従前と同様に信長と長宗我部《ちようそがべ》氏との取次をしている。『公記』六月二十六日の記録には、「土佐《とさ》国補佐せしめ候長宗我部土佐守、惟任日向守《これとうひゆうがのかみ》執奏にて御音信として御鷹《たか》十六聯、并に砂糖三千斤《きん》進上」と記され、光秀が仲介役を担っていたことが分かる。また、十二月二十五日付の信長から元親に送られた書状によると、長宗我部元親《もとちか》から信長の許へ大坂《おおさか》の問題が解決したことに関して書状と伊予《いよ》鶏五居が送られて来た。信長は、元親からの往来を謝し、隣国との戦闘については、光秀を介して報告すると伝えている。依然として光秀が連絡役になっていた（『土佐国蠹簡集《とさのくにとかんしゆう》』、『信長文書』九〇六）。

佐久間信盛の失脚

この年（天正八年）、光秀をはじめとして信長の家臣たちにとって衝撃的な出来事があった。それは、家臣団の重鎮であり、数々の功績があった佐久間信盛《さくまのぶもり》が突然追放された一件である。信盛は、本願寺《ほんがんじ》攻めの総司令官として活躍し、同年四月、本願寺顕如《けんにょ》を石山《いしやま》から紀伊雑賀《きいさいか》に移し、さらに徹底抗戦を主張した顕如の長男教如《きょうにょ》も同年八月に大坂を退去させることに成功した。信盛の失脚はその直後である。『公記』には、信長から信盛・信栄《のぶひで》（定栄）父子に宛てられた十九条の罪状等が記されている。信長の自筆であると『公記』にはある。通常書状等は右筆が認めるが、信長自らその激怒の思いを伝えたのであろう。主なものは、次のとおりである。

一、父子五ヶ年在城の内に、善悪の働きこれなき段、世間の不審余儀なし。我々も思ひあたり。言葉にも述べがたき事、

一、此心持の推量、大坂大敵と存じ、武篇にも構へず、調儀・調略の道にも立ち入らず、たゞ居城の取出を丈夫に構へ、幾年も送り候へば、彼相手は長袖の事に候間、行く〳〵は信長威光を以て退くべく候条、去て遠慮《えんりょ》を加へ候歟（下略）

一、丹波国日向守働き、天下の面目をほどこし候、次に羽柴藤吉郎、数ヶ国比類なし。然て池田勝三郎小身といひ、程なく花隈申付け、是又天下の覚を取る。爰を以て我が心を発し、一廉の働きこれあるべき事、

一、柴田修理亮、各働き聞及び、一国を存知ながら、天下の取沙汰迷惑に付いて、此春賀州に至り、一国平均に申付くる事。

一、信長代になり、三十年奉公《ほうこう》を遂ぐるの内に、佐久間右衛門比類なき働きと申鳴候儀、一度もこれあるまじき事、

一、此上はいづかたの敵をたいらげ、会稽を雪、一度帰参致し、又は討死する物かの事。

一、父子かしらをこそげ、高野の栖を遂げ、連々を以て赦免然るべき哉の事、

「佐久間父子は、信長に仕えて三十年になるが、元亀三年の三方原《みかたがはら》合戦をはじめとして昨今では大坂本願寺《おおさかほんがんじ》攻めに至るまでさしたる成果はない。これに較べれば、光秀・羽柴秀吉《はしばひでよし》・池田恒興《いけだつねおき》・柴田勝家《しばたかついえ》の働きは格別である。信盛は汚名を晴らすべく、いずれかの敵と戦って帰参するか討ち死にしてはどうか」と迫っている。そして、父子とも剃髪して、高野へ住むように命令している。さらに高野より遠くへ赴くように指示している。信盛の様子を『公記』は「譜代《ふだい》の下人《げにん》に見捨てられ、かちはだしにて己と草履《ぞうり》を取るばかりにて、見る目も哀れなる有様なり。」と信盛が追放され、零落した様子を記している。

家臣の生き残り

信盛父子に大きな問題はなかったことは間違いない。秀吉や光秀のように戦況を逐次詳細に報告し、戦果を巧みに報告していたのに較べて、佐久間父子は、アピール力に欠けていたのではなかろうか。どうだろう。

信盛父子は追放され高野山《こうやさん》金剛峰寺《こんごうぶじ》の小坂坊（和歌山県高野町）に隠棲した。信盛は翌九年七月二十四日、十津川《とつかわ》で不遇の死を遂げたとされる（『多門院』）。さらに信長による家臣粛清の動きは続いた。

『公記』八月十七日条には「信長公大坂より御出京。京都にて御家老《かろう》林佐渡守・安藤伊《い》賀《が》父子・丹羽右近、遠国へ追失はせらる。子細は先年信長公御迷惑の折節、野心を含み申すの故なり」と記されていて、これらの者は、信長が困難な状況が生じたとき、野心をも含む言動（行動）があったのが追放の原因であると記されている。佐久間父子につぐ追放事案である。家老の林秀貞《はやしひでさだ》は、信長の幼年時より仕えていた老臣である。大きな成果はみられないが、致命的な失策もない。追放の理由は、かつて信長を差し置いて弟の信勝《のぶかつ》を擁立しようとした事案によるという。あくまで過去のことであり、この時期になって持ち出すのは、たんなる排除のためのこじつけにすぎない。安藤伊賀父子とは、父は守就《もりなり》であり、美濃《みの》三人衆（安藤守就・稲葉良通《いなばよしみち》・氏家直元《うじいえなおもと》）の一人。子に比定できるのが、定治《さだはる》である。信長に臣従してからは、美濃三人衆として共同して、信長の戦闘を支えてきた。これまた、落度は見当たらない。丹羽氏勝《にわうじかつ》については、鷹狩《たかがり》の途中信長に対して家臣が誤って大石を落としたという事案が、関係したともみられる。

以上、この時期、佐久間父子・林秀貞・安藤父子・丹羽氏勝は、根拠薄弱な理由により、排除されたのである。佐久間信盛の享年は五十五歳位であったとみられる。

光秀もこの一連の追放劇を目の当たりにして動揺したことは間違いないであろう。

なお、信長による粛清は、この天正八年に始まったわけではない。度々、繰り返されてきた。この事情については、谷口克広氏の『信長と消えた家臣たちに』に詳しい。たとえば、天正三年九月二日の近江衆の林員清《かずきよ》の誅殺に見られる近江衆の粛清、同四年十一月二十五日の北原家一族の惨殺にみられる伊勢《いせ》衆の粛清等が行われた。

信長の四国計略と光秀

吉例行事

天正九年（一五八一）正月六日、光秀は、連歌会を催した（九日とも）。長岡藤孝も参会したようだ（『兼見』）。里村紹巴《じょうは》・同昌叱《しょうしつ》・津田宗及・明智光慶・斎藤利三の名がみられ、年頭を賀す明智家の連歌会である。

光秀は当月十・十一の両日、茶会を開いている。恒例の明智家の初釜である。十日の会には、天正七年の初釜でもみられた定家《ていか》の色紙《しきし》などが使用された。宗及のほか、初めて山上宗二《やまのうえのそうじ》が参席した。宗二は、信長から李安忠筆絵馬《えま》の絵を拝領している（『他会記』）。また、宗二は天正元年十一月二十四日の信長の京都妙覚寺《みょうかくじ》における茶会に松井友閑《まついゆうかん》・今《いま》井《い》宗久《そうきゅう》とともに参席するなど信長と茶の湯を通じて交流があった。後述するように宗二は、天正十年正月一日、今井宗久・千宗易《せんのそうえき》（利休）・津田宗及・今井宗薫《いまいそうくん》の堺衆《さかいしゅう》と惣見寺の信長の許に伺候し、御幸《みゆき》の間を見物している。宗二ら五名は、信長が認めた茶の湯者であり、当代を代表する茶人である。したがって光秀が、宗及・宗二と初釜を催すことは、政治・文化両面でその権威を示すものである。

十一日の会には、恒例の信長から拝領した「八角の釜」が使用された。参席者は前日と同じ人々である。坂本城の「浜ノ方の御座敷」で、宗及の手前により行われた。茶事のあと「日（自）然殿（光秀の次男）」は、津田吉松に小袖一重を贈ったが、ここにも息子の代までも津田家と深く交流を保とうとする光秀の気持ちが察しられると米原氏は指摘している（米原巻末）。前年の初釜では、長男光慶が贈与している。この初釜において明智家の次代を担う光慶・自然を登場させることによって、明智家の継続性をも示したものともいえる。

光秀は、二月二十八日の「馬揃え」において重要な働きをするが、その前に、もう一つその事務処理能力を発揮して正月十五日に実施された「爆竹《さぎっちょう》」（左義長《さぎちょう》）を取り仕切ったのである。信長をはじめとして、近衛前久《このえさきひさ》・伊勢兵庫守《いせひょうご》（貞為《さだため》）・北畠中将《きたばたけちゅうじょう》（織田）信雄《のぶかつ》・織田上野守信兼《のぶかど》・織田七兵衛信澄《のぶずみ》たちが、「歴々美々敷御出立、思ひ〳〵の頭巾《ずきん》・

装束《しょうぞく》結構」にて、早馬《はやうま》に乗り、爆竹を鳴らして町に繰り出したのである。信長は、黒い南蛮笠《なんばんがさ》・赤い布袴《ほうこ》・虎革の行縢《むかばき》という衆目を驚かす出立であった。江州衆として参加した京極高次《きょうごくたかつぐ》・阿閉貞征《あつじさだゆき》・後藤高治《ごとうたかはる》・小川祐忠《おがわすけただ》らは、本能寺《ほんのうじ》の変に際し、光秀方につくことになる。光秀は、この行事を的確に遂行したことにより信長から褒賞されている。

馬揃え

信長は、馬揃《うまぞろ》えを計画した。正親町《おおぎまち》天皇が臨席するいわゆる「観兵式」である。その重要な行事について、信長は光秀に参集の事務作業を命令している。光秀の得意とするところである。

『公記』正月二十三日条には、「惟任日向守に仰付けられ、京都にて御馬揃なさるべきの間、各々及ぶ程に結構を尽し罷出づべきの旨、御朱印を以て御分国《ぶんこく》に御触れこれあり」と記されている。同日に信長から光秀に出された朱印状では、文頭で先に実施された「爆竹」の成功を誉めたうえで、参集すべき人々の具体的な指示を出している。当該朱印状では、「六十余州へ相聞ゆべく候の条」とあって、この行事は、日本の隅々まで知れ渡るように盛大にすべきであると伝えている（『立入隆佐記』、『信長文書』九一二）。換言するならば、天下に信長の威勢を示すべき行事と捉えることができる。この朱印状に基づいて光秀は、分国中の信長の家臣達や公家《くげ》衆に対し朱印状を発給し、招集を図っている（『兼見』）。

なお、三好康長は阿波《あわ》へ派遣するため除外されている。康長は、信長の四国計略のキーマンとなっていく。

二月二日の堺の茶人重宗甫の茶会に光秀は、千利休《せんのりきゅう》・今井宗久とともに参席している（『今井宗久茶湯日記《ちやのゆにっき》抜書』）。

二月二十三日、吉田《よしだ》社の春日馬場《ばば》において光秀は、松井友閑・長岡藤孝等と騎乗した。従者は二百人程であった。二十八日の本番に備えての演練であろう（『兼見』）。

二月二十八日、馬揃え当日である。隊列は次のとおりである。

一番に惟住五郎左衛門長秀、并に摂州衆・若州衆・西岡の河嶋、

二番、蜂屋兵庫守（頼隆）、并に河内《かわち》衆・和泉《いずみ》衆、根来寺《ねごろじ》の内大ヶ塚、佐野《さの》衆、

三番、惟任日向守、并に大和・上山城《かみやましろ》衆

四番、村井作右衛門（貞成）、根来・上山城衆

御連枝の御衆、

中将信忠卿、馬乗八十騎、美濃《みの》衆・尾張《おわり》衆。北畠中将信雄、馬乗三十騎、伊勢衆。織田上野守信兼、馬乗十騎。同三七信孝、馬乗十騎。同七兵衛信澄、馬乗十騎。同源五（長益）・同又十郎（長利）・同勘七郎・同中根（信照）・同竹千代（信氏）・同周防（嘉俊カ）・同孫十郎（信次の子カ）。

公家衆
近衛殿（前久）・正親町中納言（季秀）・烏丸中納言（光宣）・日野中納言殿（照資）・高倉藤右衛門殿（永孝カ）、細川右京大夫殿（昭元または信良）、細川右馬頭殿（藤賢）・伊勢兵庫頭殿（貞為）・一色左京権大夫殿（満信）・小笠原（長時）。
御馬廻《うままわり》小姓衆、何れも十五騎づつ与々を仰付けらる。
越前《えちぜん》衆、
柴田修理亮（勝家）・同伊賀（勝豊）・柴田三左衛門（勝政）・不破河内守（直光カ）・前田又左衛門（利家）・金森五郎八（長近）・原彦次郎（長頼）

羽柴秀吉・滝川一益を除く信長家臣団の主力が、その威勢を示したものであり、公家の中では、最上層に位置する近衛前久を中心とした公家衆も参列した。光秀は、三番手の集団として、大和国の軍勢や山城衆をその指揮下に入れての堂々とした行進である。筒井順慶もこの中にいたものとみられる（『多聞院』）。

この馬揃えの歴史学的意義については、朝尾直弘・奥野高広・藤木久志・橋本政宣・今谷明・立花京子・堀新の各氏をはじめとして、多くの歴史学者により、論説されているところである。「信長が正親町天皇に譲位《じょうい》を迫るための示威行動」「天皇臨席のもとでの公家衆・町衆ら多くの観衆の前に示した、日本中へのデモンストレーション」「織田軍団の士気を高揚し、畿内《きない》隣国等制覇を天下に明示」「(朝廷への威圧を否定した上での）信長と朝廷との協調行為」等諸説ある。いずれも、解釈の違いである。事実としては、信長軍団が天皇臨席のもと、政権の威勢を顕示するために洛中をパレードしたというものである。

光秀はこの「馬揃え」を通じて、信長から一軍団を任された指揮官であり、信長家臣団内における高位置を示すとともに、諸衆を招集するという大役を着実に遂行するという事務処理能力の高さも確認できる。

知友と遊ぶ

大役を終えた光秀は、四月頃、丹波・丹後方面に在留している。その光秀の許を師であり友である津田宗及が訪ねている。宗及は、四月十日、福知《ふくち》山《やま》において、光秀の娘婿明智弥平次秀満から「七五三の膳」の振舞を受けている。翌十一日、宗及は光秀とともに福知山を出発して、路地に作られた茶屋《ちゃや》において福寿院（愛宕下坊）からのさまざまな振舞を受けた。

翌十二日には、長岡忠興《ながおかただおき》の許で振舞がなされた。その場所は宮津《みやづ》城と思われる。振舞は、七膳にも及んだ。忠興から義父光秀に名刀地蔵行平《じぞうゆきひら》の太刀《たち》が献上された。参加者の顔ぶれは、文化面のそれぞれの分野においてこの時代を代表する豪華な人々である。当代最高の連歌師《れんがし》里村紹巴・信長の茶頭津田宗及・一大茶人山上宗二、そして光秀父子三名と長岡藤孝父子三名である。光秀の子息とは、光慶と自然に比定される。振舞の後、九世戸から船で天橋立の智恩寺文殊堂《ちおんじもんじゅどう》において、宗及らは再び振舞を受けた。そして、次のように連歌を楽しんだ（『他会記』）。

一、俄夕立之雨ふりて、　兵部太夫藤孝
　　夕立のけふハはハやき切戸哉
一、紹巴ト、日向殿ト、太夫殿と連歌アリ
　　久世戸之松ニなへ松といふ松也、就其ノ発句アリ
うふるてふ松ハ千年のさなえ（早苗）哉　光秀
夏山うつす水の見なか（水上）ミ　藤孝
夕立のあとさりけなき月見へて　紹巴

かくして、光秀は、数々の文学作品に登場した名勝天橋立の地に名立たる中央文人を集めての最高のひとときを過ごした。自らの才覚で平定した地である。光秀は、得意満面であっただろう。武家文人光秀の頂点といっても過言ではなかろう。

四月十七日、光秀は丹波国宇津城にいたことが確認できる。光秀は、京都の吉田兼和に当城に井戸を掘るための河原者《かわらもの》の派遣を求めている（『兼見』）。翌十八日には、亀山《かめやま》城普

請に関して、米や人々の差し出しに関し指示を出している（「片山宣家氏所蔵文書」、『新修亀岡市史』、『明智史料』一〇五）。丹波支配の拠点としての亀山城の強化が着々と進められている。光秀は丹波領内において知行高を差し出させ、領内の実態の把握に務め、軍役《ぐんやく》等を課すためのデータを集積している。

六月二十一日、光秀は丹波の土豪等に対して指示を出した。和久左衛門大夫が、城を破却するように命じられたにもかかわらず、残し置いていたので成敗に及んでいる。その一族や被官人《ひかんにん》が出野左衛門・片山兵内の所に逃げ込んだので、捕縛して差し出すように命令している。もし隠していた場合は成敗すると厳しい指令も発している（「御霊神社文書《ごりようじんじゃ》」、『明智史料』一〇九）。城破《しろわ》りを実施し、領内において敵勢力ともなりうる城郭《じようかく》の破却と統制を図り、国衆を掌握下に置こうとしている。亀山城を中核とし、重臣・親族を福知山城（明智秀満）・八上城（明智光忠《みつただ》）・黒井城（斎藤利三）等に配置し、征服地丹波の支配体制の強化を図っている。

軍規の制定

六月二日の日付のある明智光秀の「定　条々」なるものが伝わっている。十八条からなる軍法《ぐんぽう》で、御霊神社（福知山市）や尊経閣文庫《そんけいかくぶんこ》に所蔵されている（「御霊神社文書」、『新修亀岡市史』、『福山市史』、『明智史料』一〇七、一〇八）。この史料については藤田達生・山本博文・堀新各氏をはじめとする研究者によって、その真偽が検討されている。それぞれの条文の内容は第一条から六条は、戦陣における軍規である。「戦場において決められた者以外に大きな声を出すことの禁止」「先駆けについては、旗本《はたもと》の侍が到着してから指揮官の指示に従わなければならない」「自分が動員した人々で部隊を編成し、前後の部隊と連携して隊列を組むこと」「旗本が態勢を整えて戦闘に臨むからには、足軽《あしがる》が合戦に及んだとしても下知に従って戦闘を開始すること」「抜け駆けは禁止する」というものである。第七条から十八条は、軍役に関するものである。たとえば「百石ゟ百五拾之内、甲一羽・馬一疋《ひき》・指物《さしもの》一本・鑓《やり》一本事」とあって、石高ごとに持参する戦闘の道具について規定している。

山本博文氏らは、この時期にはみられない漢文的な表現が用いられ、鉄砲《てっぽう》と並んで必要となる弓の規定がないなどの理由により江戸時代の軍学者などにより作成されたものという指摘がある。もし、光秀により作成されたものであれば、光秀の軍事における規定を知ることができるが、検討の余地がありそうだ。

妹の死

八月七日頃、光秀の妹で信長の側室が死去した。『多門院』には「去七日・八日ノ比歟、惟任ノ妹ノ御ツマキ死に了んぬ、信長一段ノキヨシ也、向州比類なき力落也」と記されていて、光秀は、妹の死を深く悼んだのである。ツマキ（妻木）は、先に紹介したように興福寺と東大寺《とうだいじ》の相論の際に登場する。「ツマキ」は興福寺側からの依頼で信長政権に取り次いでおり、信長を動かす存在であったとも。あるいは、たんに「ツマキ」が、信長の使者として興福寺一条院《いちじょういん》尊勢《そんせい》の乳母《うば》に意向を伝えたとも。いずれにしても「ツマキ」の死去が信長と光秀との関係に少なからず影響したと思われる。

八月十三日、秀吉が攻囲している因幡《いなば》鳥取《とっとり》城（鳥取県鳥取市）の後巻きとして安芸《あき》より毛利《もうり》・吉川《きっかわ》・小早川《こばやかわ》の軍勢が到来するという情報が流れたため、丹後国の大将として長岡藤孝、丹波国の大将として光秀、摂津《せっつ》国の大将として池田恒興が指名された。信長は、それぞれの国の衆はいうに及ばず、隣国の衆・馬廻り衆をはじめ大部隊を動員し、ことごとく討ち果す意志を示した。そして、光秀と藤孝は、大船に兵糧を積ませ、鳥取に向かわせた（『公記』）。

八月十四日、光秀は、丹波国周山（京都市）に所在したので、鳥取には赴いていないようだ。『他会記』には、次のように記されている。

（天正九年）同八月十四日ニ丹波国周山へ越候、惟任日向殿被御出候、十五夜之月見、彼山ニ而終夜遊覧

月は穐秋ハ見山の今宵哉　光秀之御発句
名ハ世にもたかミ山路秋の月　同
誹諧アリテ
宮古人月と酒とのこよひかな　宗及

知友宗及と十五夜の月を愛でながら、歌を嗜む優雅な時を過ごしたのである。もちろん、光秀には、妹の死を哀悼する気持ちも含まれたのであろう。

その五日後の十九日には、光秀は奈良にいたことが確認できる。『多門院』同月十九日条には、「惟任日向郡山《こおりやま》城普請見舞として、今朝早々成身院まで越し畢んぬ」と記録されていて、光秀は郡山城の普請の状況を確認するため奈良を訪れている。軽快なフットワークであるとともに、丹波・奈良・近江等畿内各所を担当する光秀が、自ら現地に実視するという行動姿勢に誠実で生真面目な人物像を垣間見ることができる。光秀は、二十一日に奈良を離れている。

長岡藤孝を補佐

八月二十三日付の長岡藤孝宛の信長黒印状によると、信長は藤孝に対して丹州表に敵が襲来したならば、出陣するように指示し、状況によっては、光秀に（出陣について）命令すると伝えた。また、先に信長から命令された鳥取方面への兵糧の輸送が成功したことが分かる（「細川家文書」、『信長文書』九四〇）。光秀は、先に触れたように奈良を訪れている。その奈良を離れた後、信長と面会したとみられる。

光秀は、丹後における検地について藤孝を補佐するかたちで関わっている。九月四日付の藤孝宛の朱印状では、「信長は、丹後において一色《いっしき》氏知行分で出目《でめ》分（出来分）は光秀に預けておくので、相談してその結果を知らせるように」と命令している（同九四一）。翌五日、藤孝は御礼のため安土《あづち》に伺候した（『兼見』）。同月七日付の光秀宛の信長の朱印状では、「一色氏の知行分として、同氏に二万石を渡した。そこの出目分は藤孝に渡す」と伝えている（同九四二）。同月十日付で藤孝・光秀に宛てた信長の朱印状では、検地後の矢野藤一の所有分について、判断を下している（同九四三）。

家中法度

十二月四日に家中に対して法度が出されている（「萬代家文書」、『明智史料』一一二）。先に示された軍規については、偽作とも考えられるが、当該法度は、光秀が実際に出したものと推定できる。主な内容は、「信長の宿老《しゅくろう》中や馬廻衆と出くわして挨拶する場合、端に寄り、肩をついて慇懃丁寧に畏まって通すべきである。」「坂本と丹波を往復する者については、上りは紫野《むらさきの》より白河《しらかわ》を通り、下りは汁谷から大津《おおつ》に到るように。京都に用事がある場合は、別途調整すること」「洛中において召し使う輩については、下馬のこと」「洛中《らくちゅう》洛外《らくがい》において遊興見物は中止のこと」「道路において他家の衆と思慮分別に欠けた口論は禁止する。ただし、理不尽なことに関しては、その場で討ち果して良い」というものである。

以上のことから、光秀は、信長家臣団構成における光秀の家臣団の位置づけを明確にし、家臣たちに宿老中や馬廻衆に対しては、丁重な対応を求めている。光秀の立場・身分の位置づけを重視する意識がここに窺える。坂本と丹波間において家臣等の移動が適宜行われていたことも分かり、移動の際の経路を明示している。洛中を通過する際の注意点も告示している。かくして、この法度は、雑多な集団を統制する求心力であるとともに、光秀の緻密で、誠実な姿勢を知ることができる。織田政権下において、光秀は、確たる法制を整備し、家臣団・領国を統制しようとするシステムを構築していたのである。伊達・武田・今川等多くの戦国大名は、いわゆる「戦国法」を制定して家臣団を統制し領国を運営していたが、光秀も戦国大名なみの領国支配構造が確立されつつあったと思料する。

十二月四日付で宇津領内における年貢の受け取りに関して、自らの書状をもって差出を命じている（中島寛一郎氏蔵、『新修亀岡市史』、『明智史料』一一一、高柳氏『明智光秀』では、明智光満のものとする）。丹波領内において、年貢の収納システムが整ってきたようだ。

信長襲撃

上様の御書

天正十年（一五八二）正月一日、織田信忠《のぶただ》・信雄《のぶかつ》等の一門《いちもん》衆をはじめ信長の家臣たちは、安土の主君の許に参じた（『公記』）。光秀も筒井順慶ら大和衆をも従えて伺候している（『蓮成院記録』、『宗及他会記』）。信長・光秀とも最後の正月を迎えることになった。

正月七日、光秀は、津田宗及・山上宗二を招いて明智家の年中行事《ねんじゅうぎょうじ》となった初釜を催した。例年通り信長から拝領した八角之釜が使用された。この会で着目したいのは、『他会記』に「床ニ上様之御自筆之御書、カケテ、」と記されていて、床には、信長の書が掲げられていたことである。光秀が、信長の書を用いた事例をどのように捉えるべきであろうか。本能寺の変が勃発した半年程前に当たる。

同月九日、光秀による「さされ石の巌にちきれし花の春」という発句により百韻の連歌が興行された。場所は、坂本城で間違いないであろう。連衆は、長岡藤孝・里村紹巴・昌叱・斎藤利三・津田宗及らである（『連歌総目録』、明治書院、一九九七）。光秀重臣利三が参席したことは注目してよいであろう。明智家としての最後の新年の茶会と連歌会が開かれた。

同月二十日、吉田兼和は、坂本城の光秀の許に赴いた。小天守《てんしゅ》において茶の湯と夕飡の儀が行われた。光秀はとても機嫌が良かったと『兼見』には、記録されている。

同月二十五日、光秀は、津田宗及のほか九州博多《はかた》の豪商茶人島井宗室《しまいそうしつ》（叱）を招いて茶会を開いた。『他会記』には、「一風炉　平釜、従上様御拝領、始而、」「手水間ニ、床ニ定家卿色紙、前ニ硯《すずり》・文躰《（台）》、定家卿之所持之也、」と記されていて、今回初めて信長から拝領した平釜が使用された。今回も信長縁《ゆかり》の品である。光秀の微妙な心理状態が推察される。あわせて藤原定家《ふじわらのていか》が所有したとされる名品も用いられた。文人としての高い意識が感じられる。

同月二十八日には、坂本城において銭屋宗訥《ぜにやそうとつ》・山上宗二・津田宗及を客として茶会が催

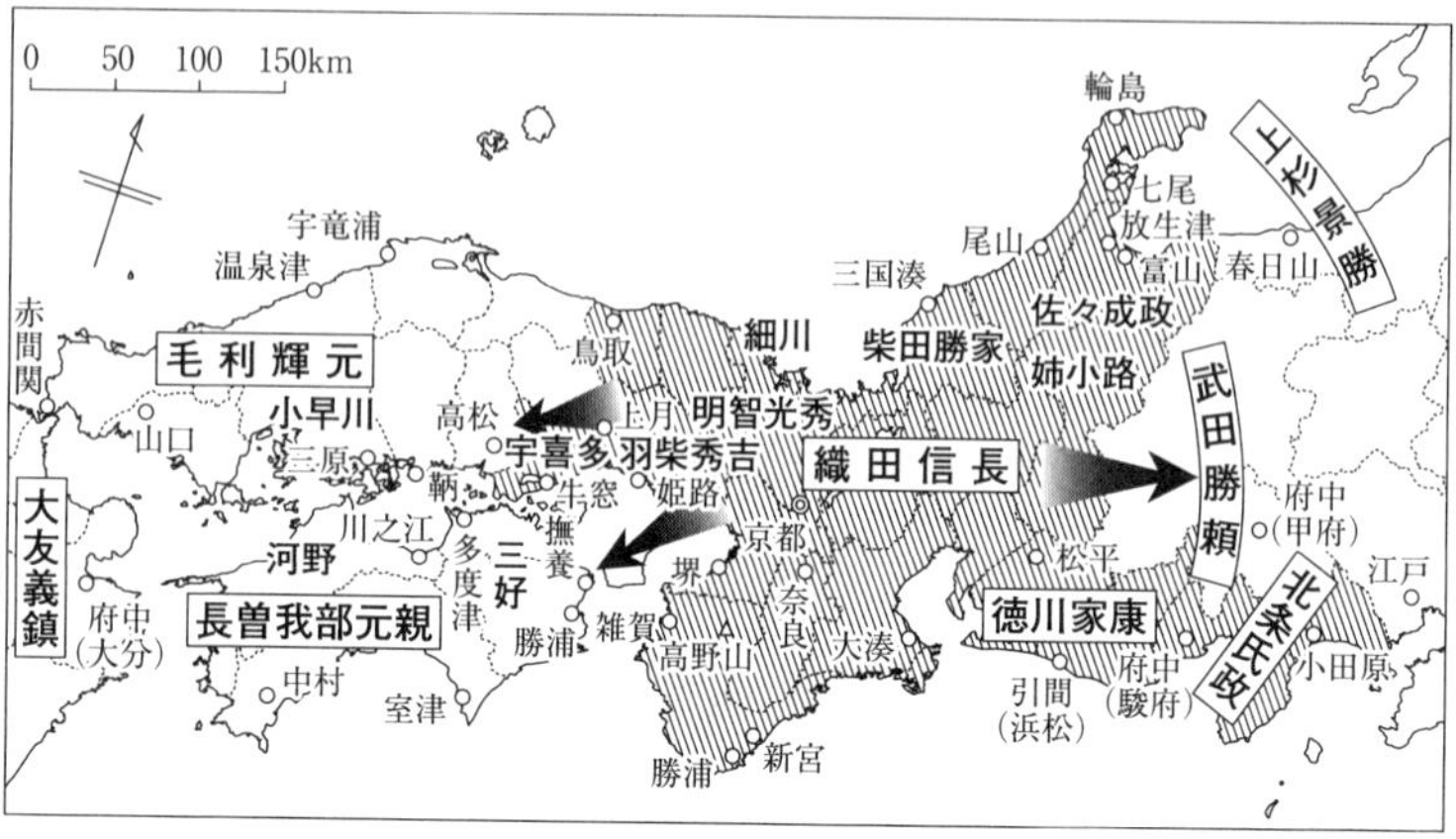

図14　織田信長の勢力圏（天正10年２月段階，『京都の歴史４　桃山の開花』）

された。光秀の茶の湯に関する記録としては、確実な史料で確認できるものとしては、この会が生涯最後のものとなる。

光秀は、年が明けて一ヶ月ほどは、坂本にいて中央の文化集団とともに、連歌や茶の湯などをして表面上は平穏な日々を送っていた。なお、この頃、後述するように光秀は、斎藤利三・石谷頼辰を介して長宗我部氏元親に信長に従うように説得している。状況は緊迫していた。

甲州へ出陣

信長は、甲斐《かい》武田《たけだ》氏攻略のため出陣することにした。駿河《するが》口から徳川家康《とくがわいえやす》、関東口から北条氏政《ほうじょううじまさ》、飛騨《ひだ》口からは金森長近《かなもりながちか》、そして伊那《いな》口からは織田信忠が進攻するように指名した。二月九日付で家臣たちに命令が下された。参戦予定の家臣たちは、光秀をはじめとして、筒井順慶が率いる大和衆、摂津国池田恒興の息子元助《もとすけ》と照政《てるまさ》、中川《なかがわ》清秀《きよひで》、多田（摂津の土豪）、上山城衆、長岡忠興、一色五郎（満信《みつのぶ》か）という面々である。信長から甲斐以外への展開を指示された主な家臣としては、三好康長（四国へ出陣）・池田恒興（摂津在国）・羽柴秀吉（中国《ちゅうごく》在陣）・長岡藤孝（丹後在国）等である。織田信忠本隊が岐阜を出発したのが、二月十二日である。徳川家康・北条氏政もそれぞれ出動した。

三月三日、筒井順慶は、大和の国衆を従えて出発している。光秀の「一手の衆」として出発した。まさに、光秀の軍事指揮下に大和衆があったことが分かる（『多聞院』）。順慶の光秀への従属性を確認できる。

三月五日、信長は、光秀・筒井順慶・長岡忠興らを従えて安土城を出発して、柏原（滋賀県米原市）に到着した（『兼見』、『晴豊公記《はれとよこうき》』等）。それから間もない十一日に武田勝頼《かつより》が田野（山梨県甲州市）で自刃している。ここに名門甲斐源氏《かいげんじ》は滅亡することになった。同月十四日に信長は、浪合（長野県阿智村）において、勝頼父子の首級を実視した。

この間の光秀の具体的な行動は不明であるが、信長に追随したようだ。三月十五日、光秀は、信長より諏訪《すわ》の法華寺《ほっけじ》（長野県諏訪市）において陣取りを命じられている。光秀以外では、織田信澄・菅谷長頼《すがやながより》・堀秀政《ほりひでまさ》・長谷川秀一《はせがわひでかず》・福富秀勝《ふくずみひでかつ》・氏家行継《うじいえゆきつぐ》・竹中重矩《たけなかしげのり》・原《はら》長頼《ながより》・武藤康秀《むとうやすひで》・蒲生賦秀《がもうますひで》（氏郷《うじざと》）・長岡忠興・池田元助・蜂屋頼隆《はちやよりたか》・阿閉貞征《あつじさだゆき》・不破直光《ふわなおみつ》・中川清秀《なかがわきよひで》・惟住長秀《これずみながひで》・筒井順慶の名が『公記』にみられる。

信長は、四月二日に諏訪を出発し、甲斐・駿河・遠江《とおとうみ》を経て、十九日に清洲《きよす》、二十日に岐阜に到着した。そして二十一日に安土に帰城した。光秀の甲斐・信濃《しなの》への従軍に関しては、特に戦闘に参加せず、信長ともども生涯最後の遠征となったといえよう。

信長軍西国へ

四月二十四日付の一色五郎・長岡藤孝に宛てた信長の朱印状において、光秀の名が登場する。その内容は、「中国進発に関して、今秋の予定であったが、小早川隆景《たかかげ》が敗北し、備中高山《びっちゅうたかやま》に立て籠ったため秀吉が出陣したという情報が入った。即座の出兵の準備については怠りがないようにするのが肝要である。詳しいことは光秀が申し述べる」というものである（「細川家文書」、『信長文書』一〇一五）。光秀は、安土の信長の許にいると考えられる。おそらく領国の丹波方面に赴くので、丹後の一色五郎・長岡藤孝に伝えるように指示したのであろう。

信長は、三男信孝を三好康長の養子《ようし》として、四国攻めに着手した（諏訪巻末）。

五月十四日、光秀は、信長から徳川家康の饗応を命じられている（『兼見』）。家康《いえやす》は、穴山梅雪《あなやまばいせつ》を伴い、駿河・遠江拝領の礼として安土の信長のもとに参上している。家康一行は、安土までの途次、宿所ごとに盛大なもてなしを受けた。

光秀は、十五日から十七日の三日間、家康一行の接待を担当した。京都や堺において珍物を揃えて細心の注意を払い綿密に準備し、任務を全うしたのである。江戸時代以来語られてきた『川角太閤記《かわすみたいこうき》』『本朝通鑑《ほんちょうつがん》続編』『日本外史《にほんがいし》』等にみられるような光秀の不手際や、饗応役の罷免という事実は、ここには存在しない。その行事に接した太田牛一《おおたぎゅういち》が「生便敷《おびただしき》結構にて」と記しており（『公記』）、その丁重さを物語っていて光秀の失態を見出すことはできない。ルイス・フロイス『日本史』に記された、家康の饗応に際して、口答えをした光秀を信長が足蹴にしたという事実もないと考えられる。

信長は、中国地方そして九州まで平定すべく、光秀をはじめ長岡藤孝・池田恒興・塩河《しおかわ》吉《きつ》（橘）太夫《だゆう》・高山右近《たかやまうこん》・中川清秀を先陣として出馬を命令している。

襲撃への迷い

信長軍団は光秀の中央方面隊のほか、羽柴秀吉の中国方面隊（羽柴長《なが》秀《ひで》・黒田孝高《くろだよしたか》・蜂須賀正勝《はちすかまさかつ》・宇喜多秀家《うきたひでいえ》ら）、柴田勝家《しばたかついえ》の北陸方面隊（佐々《さっさ》成政《なりまさ》・前田利家《まえだとしいえ》・佐久間盛政《さくまもりまさ》・金森長近《かなもりながちか》ら）である。そのほかに滝川一益を指揮官とする関東方面隊、そして神戸《かんべ》（織田）信孝《のぶたか》を総帥とする四国方面攻撃軍（津田信澄《つだのぶずみ》・三好康長・丹《に》羽長秀《わながひで》・蜂屋頼隆ら）が配置されている。

五月二十八日、信孝は、幕僚丹羽長秀・蜂屋頼隆とともに住吉《すみよし》に出陣し、四国への渡海の準備をしている（『多聞院』、『宇野主水日記《うのもんどにっき》』）。四国方面攻撃軍副将の津田（織田）信澄（光秀の娘婿）は、大坂《おおさか》城に移っている。まさに、洛中近辺には、光秀の軍勢以外に、織田軍の主力部隊はいない状態である。この空白の状況について、秀吉ら各方面隊長は、信長からの情報に加え、独自の情報網をもって掌握していたことは確かであろう。

五月十七日に光秀は、安土から坂本に帰城している（『公記』）。信長から出陣の命が各将に下ったのであろう。この頃には、光秀の脳裏に信長軍の主力が京都周辺にいなくなるという想定が描かれたと思われる。信長襲撃の好機であることにも気づいたのであろう。ここから光秀らしくない計画性のない杜撰な行動が展開されることになる。秀吉の率いる中国方面隊は、黒田官兵衛孝高や羽柴《はしば》長秀（秀長）などを総大将とした圧倒的な組織力・軍事力を誇っている。これまで光秀が担当してきた対四国政策に関しては秀吉が関与するようになったのである。光秀は、すでに秀吉の人並み外れた手腕の前に屈していたのである。頭脳明晰な光秀にとってみると秀吉の前に勝機がないことは、十分に承知していたと思うが、それでも行動していくのである。冷静沈着な光秀が無謀な戦に突き進むことになる。

光秀は二十六日に中国出陣に向けて坂本を出発して丹波亀山城に入った。翌日、亀山城を出て、愛宕山《あたごやま》に参詣《さんけい》した。光秀は神前において二度三度とくじを引いたという（『公記』）。光秀が、信長を襲撃するかどうか迷っていた様子を示すものとして語られることが多い。この部分の記述については、記主太田牛一が、その場にいた者から得た正確な情報に基づいて記述したか、はたまた牛一独特の脚色によるものかは、判断しかねるが、光秀が決行を躊躇していたことは間違いなく、その動揺を上手に表現したものと思われる。光秀が行動をためらった理由は、もちろん一義的には、主人殺しという問題であろう。さらに信長を葬り去ったとしてもその先はないのである。最終的に勝ち目のない戦に臨むべきか思案に暮れたのであろう。

二十八日、西坊威徳院で連歌が催された。『公記』には、

ときは今あめが下知る五月哉　　光秀
水上まさる庭のまつ山　　西坊
花落つる流れの末を関とめて　　紹巴

『明智光秀張行百韻』としてこのときの連歌の記録が伝わっている。光秀のほか威徳院行祐や里村紹巴ら里村一門の人々が参席した。光秀の嫡男光慶が「国々はなほ長閑なる

時」という挙句を詠み終了している。発句を光秀が、挙句を光慶が詠むことにより明智家の永続性を示したものと思料する。光秀の発句「時」は、明智家と関係のある「土岐」に通じる。「した知る」については、『明智光秀張行百韻』の写本《しゃほん》によっては「下知る」「下なる」の両方があるが、いずれにしても天下を知行するという意味になる。したがって土岐氏すなわち光秀が天下を治めるという解釈が可能である。この連歌を詠んだときには、光秀の意志は固まったと考えられる。紹巴以下の連衆も光秀の気持ちを理解していたのではなかろうか。あるいは、光秀は、参会者に信長襲撃の意向を伝えたのかもしれない。この日光秀は、亀山城に戻っている。

巨星墜つ

信長は、二十九日に安土を出発し、上洛している。いよいよ信長本隊の出発である。

六月一日、五摂家《ごせっけ》筆頭近衛前久をはじめとして公家衆が挙って本能寺《ほんのうじ》の信長のもとに挨拶に訪れている。権力者信長へのもてなしである。その日の夜、光秀軍は、亀山城を発した。襲撃決行の時が来た。光秀は、明智秀満・明智次右衛門・藤田伝五・斎藤利三・三沢秀次には、心の内を語ったようだ（『公記』、『川角太閤記』）。六月二日早朝の襲撃が始まった。信長が自害した後、光秀軍は、妙覚寺に滞在する嫡男信忠の攻撃に向かった。信忠は二条御所《にじょうごしょ》に移って応戦したが、ついに自害して果てた。まさに「巨星墜つ」である。午前八時頃と推定される（『公記』、『言経』）。『川角太閤記』に記されている光秀軍の動きを確認すると、小部隊等による組織だった戦闘は行われず、場当たり的に襲撃している。おそらく、光秀らしい緻密さはここではみられない。

『言経』には当日の記録として、「明智日向《ひゅうが》守謀叛《むほん》により押し寄せ了んぬ」と記されていて、公家衆たちも光秀の行動を謀叛として掌握していたことが分かる。

光秀は、信長父子の襲撃を終えた後、残党狩りをするとともに父子の遺骸を探索したが、発見することはできず、不安を残したまま京都を離れ、坂本城に向かった。勝竜寺《しょうりゅうじ》には、重臣三沢秀次を配置し、諸勢力の進軍に備えた。吉田兼和は、未の刻（午後一時～三時頃）にわざわざ粟田口《あわたぐち》に出向き大津に向かう光秀に会っている。『兼見』別本には、「悉く打ち果し、未刻大津通を下向す、予、粟田口辺乗馬せしめ罷り出づ、惟日と対面す、在所の儀万端頼み入るの由申し畢んぬ」という内容が記述されていた。兼和は親しい光秀に所《しょ》領《りょう》等の安堵《あんど》を頼んでいる。両者において、どのような言葉が交わされたか非常に興味深いところであるが、この記述では分からない。

なお、『兼見』は、天正十年正月一日から同年六月十三日まで記録された別本が存在する。別本が当初の記述である。光秀と近しかった兼和が、秀吉らの譴責《けんせき》を恐れて修正したとみられる。たとえば、上述の別本の二日条の光秀が兼和に会ったという内容は、書き換えた方には記されていない。

光秀は、勢田を本拠地とする山岡景友《やまおかかげとも》・景猶《かげなお》兄弟に同心《どうしん》を求めるが、拒絶された。山岡兄弟は、勢田の橋に火をつけ山中に退いたのである。光秀にとって誤算というよりも、最初から計画性がなかったことが分かる。光秀は、各方面に味方を募った。『武家事紀《ぶけじき》』には、六月二日付で美濃国西尾光教《にしおみつのり》宛の光秀の書状が掲載され、次のように記されている。

父子悪逆《あくぎゃく》天下妨げ討ち果し候、其の表の儀御馳走候て、大垣《おおがき》の城相済まさるべく候、委細山田喜兵衛尉申すべく候、恐々謹言

同一の書状は、諸将に数多く発給されたと思われるが、光秀への賛同者は思いのほか少なかった。武田元明《たけだもとあき》ら若狭《わかさ》国衆、京極高次《きょうごくたかつぐ》・山崎秀家《やまざきひでいえ》・阿閉貞征ら近江衆らが光秀方についたのである。この点においても、光秀には、緻密な計画性はみられない。

光秀は、また、大徳寺《だいとくじ》・大山崎《おおやまざき》・多賀社・上賀茂社などに禁制を出し、秩序の維持と光秀軍の威勢を示した（『大徳寺文書《だいとくじもんじょ》』、『大日本史料《だいにほんしりょう》』等）。

五日、光秀は、安土城に入り、蓄えられた金品を諸将に分与し、翌々日の七日、安土城

において天皇の使者である吉田兼和と面会している。『兼見』別本には、「今度謀叛の存分雑談也」と記されていて、光秀が、謀叛を起こした理由を兼和に語ったのである。惜しいかな、同記には、謀叛の理由は記されていない。もし、記述があれば、信長襲撃の謎は解明されるであろうに。ちなみに『兼見』の書き換えた方には、光秀が兼和に謀叛の存分について語ったという記述はない。

変の当日に信長の側室や子女を日野《ひの》に避難させていた蒲生賦秀《がもうますひで》は、光秀の招請に依然として応じていない。

翌八日、光秀の軍勢が出発し、先勢は、山科《やましな》・大津に陣取りした。九日、光秀は上洛した。白川《しらかわ》において五摂家や清華《せいが》家をはじめとする公家衆が勢揃いしていた。本能寺の変の前日に信長をもてなしたメンバーである。公家衆が参集している旨を兼和が光秀に伝えたところ、出迎えは無用であると兼和を通じて公家衆に固辞することが伝えられた。公家衆にとってみると実力者信長を討ち果し、次の権力者となりうる人物として、光秀に挨拶に出向いたのであろう。光秀にとってみれば、勝利が確定しているわけでもなく、主君を殺害した身でもあるので、面会を避けたと思われる。光秀は、入京して兼和の所に立ち寄った。禁裏《きんり》へ銀五百枚、五山《ござん》と大徳寺へ銀百枚の献上の使いを兼和に委嘱したのである。つ

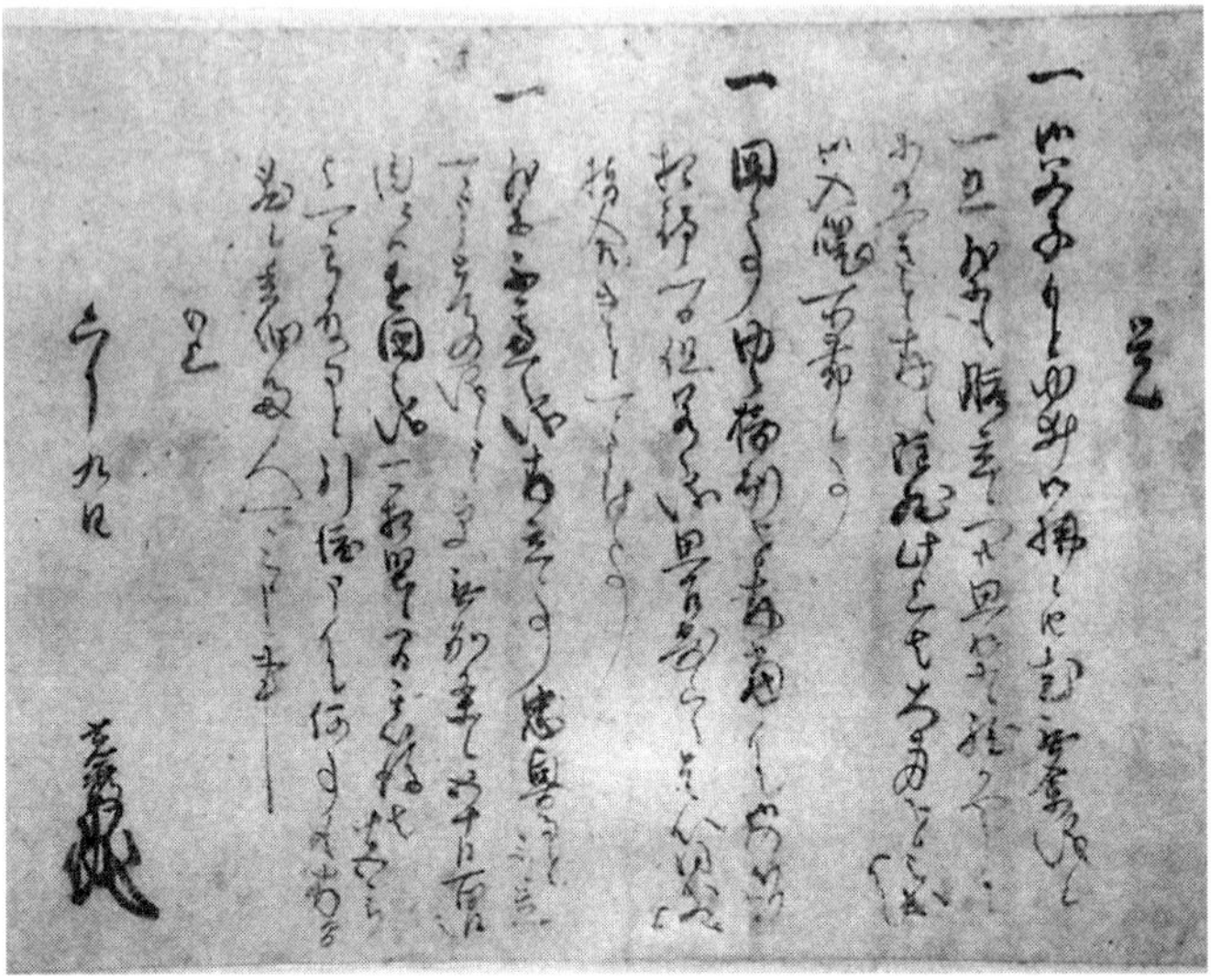

図15　明智光秀覚条々（永青文庫所蔵）

いで、光秀は兼和と夕食をともにした。連歌の師里村紹巴・昌叱・心前も同席していた。愛宕山で決意の連歌を催してから十日ぶりの参集である。どのような会話がなされたのか。おそらく、雰囲気は、暗かったのではなかろうか。このときが教養人光秀の中央文人との最後の交流である。光秀は、彼らとの後会を期しつつ、再び馬上の人となり兼和邸を後にして、下鳥羽に軍を進めた。

二人の手紙

光秀は、この日もう一人（二人）の文人に三ヶ条からなる書状を送り、与同することを求めた（「細川家文書」、『大日本史料』）。その人物は、長岡藤孝・忠興父子である。それぞれの項目を解釈すると次のとおりである。

一、藤孝・忠興父子が元結《もとゆい》を切ったことは、無念であり腹立たしく思ったが、この上は同心を願い出るものである。

一、摂津国を任せようと、上洛を待っていた。もし若狭を所望ならばそちらを申し付けよう。

一、我らの不慮の出来事は、忠興などを取り立てようとしての事である。五十日・百日の内には近国を平定し、安定した状態になったならば、息子達である十五郎（明智光慶）や与一郎（細川忠興《ほそかわただおき》）に譲り、引退するつもりである。

このように光秀は、藤孝父子に哀願した。光秀は、藤孝父子が元結を切って同調する意志が

図16　細川藤孝（天授庵所蔵）

ないという情報を得ていた。それでも、光秀は、忠興父子の力にすがったのである。藤孝父子は、どうみても光秀側につくことは不利であり、家名・一族の存続にも無理があると判断し、知友で姻戚であり、丹後支配に関して寄親《よりおや》的な立場である人物の誘いを厳に断ったのである。考えてみれば、元々は、藤孝の方が立場は上位であり当然なのかもしれない。光秀にとって大きな痛手である。情に訴えても藤孝の意志に変化をもたらすことはできない。藤孝父子は剃髪した。藤孝は宮津城と家督《かとく》を譲り田辺《たなべ》城に退き、「幽斎玄旨《ゆうさいげんし》」と称した。忠興は妻玉《たま》（光秀の娘、ガラシャ）と別離し幽閉した。藤孝父子は、ここまでして、光秀との関係を拒絶していることを明示したのである。藤孝父子が、秀吉と光秀の力量の差を熟知しているからこその行動である。

この書状には、重要なことが記されている。それは、信長の襲撃は「我等《われら》不慮の儀」であったと記していることである。すなわち光秀にとって思いがけないできごとであり、計画性がなかったことが分かるのである。

一方で、秀吉の方が一枚も二枚も上手である。六月八日付で秀吉は、近臣杉若無心を介して、藤孝の重臣松井康之《まついやすゆき》に書状を送っていた（「松井家譜」）。その内容は「西国に関しては、両川《りょうせん》（吉川・小早川）の人質も整い、三ヶ国を渡した。六日に姫路《ひめじ》に到着し、一度休息している。藤孝と弟長秀とは近しい間柄なので、疎略に扱うことはしない。もしも私に用があるならば遠慮なく伝えて欲しい。明日姫路を出発する。重ねて申し入れるものである。取り急ぎ。」とあって、毛利と交渉が成立したことを具体的に示し、これから上方《かみがた》方面に怒涛の勢いで進軍する様子を活写している。秀吉が圧倒的な力を誇示している様子が手に取るように分かるのである。さらに情に訴えるものとして、諸方面から信頼されていた弟長秀を持ち出し、信用を勝ち取ろうとしている。光秀と秀吉の手紙を較べたならば勝敗は一目瞭然である。

話は逸脱するが、秀吉の言葉（文章）巧みな例として、天正五年に黒田孝高《くろだよしたか》を勧誘する際の秀吉の自筆の書状が想起される（「黒田家文書」）。概略は「その方（孝高）のことは、弟小一郎（長秀）と同然であるので安心して欲しい。これからは、何事も直接話し合って事を進めていくことにしましょう」と、右筆《ゆうひつ》ではなく秀吉自らが筆を執って孝高を説得したのである。本当に秀吉は演出が上手で、その書状の内容は、心に響くものである。さらに付言するならば、弟の長秀は、信長配下の武将から信任されていたことが分かる。これが秀吉軍団の強さである。長秀は黒田官兵衛孝高とともに秀吉軍団を支えていたのである。これが藤孝との交渉にも信頼されている長秀を持ち出したのである（諏訪巻末）。

洞ヶ峠

さらにもう一つ光秀の焦燥感を助長するのが、筒井順慶の行動である。順慶は、これまで光秀の与力《よりき》として活動していた。そして、五月の段階で中国への出陣を命じられていた。変当日の二日に順慶は、大和衆の部隊指揮官として、軍勢を率いて上京しているが、事件を知り大和に帰国している。四日には、軍勢を出したものの、翌日には、兵を撤退させている。順慶の迷いは続いた。十日、光秀は洞ヶ峠《ほらがとうげ》（京都府八幡市と大阪府枚方市の境）に布陣し使者として順慶のもとに藤田伝五を派遣したところ拒絶された。しかし順慶は再び伝五を呼び戻すという状態である。順慶の許には、秀吉が東上するという情報がもたらされている。秀吉側からの勧誘の使者が来訪したとみて良い。順慶は秀吉に誓書を送っている。十二日には、郡山《こおりやま》において大和の国中の与力を集め血判《けつぱん》の起請文を作成し、その結束を図っている（『多聞院』）。順慶は、六月十三日付の織田信孝《のぶたか》の書状を受け取った。信孝の軍勢は、明日西岡に進発するので、上山口に軍勢を出すように伝えている（「古文書雑纂」）。そして、秀吉は、丹羽長秀と連署で添状を発給している（「名張《なばり》藤堂家文書」）。信長の息子信孝をも担ぎ出し、この軍事行動が正当な弔い合戦であることを明示し、順慶の出陣を催促したのだ。秀吉の差配は見事である。仮に順慶が参戦しなくても光秀方に与同することはない。光秀は、秀吉のコンピューター的な計算力に、なす術がないのである。光秀が指揮する中央方面隊にとって、長岡藤孝も筒井順慶も本来ならば、光秀軍団の一翼を担う丹後部隊・大和部隊の指揮官になっていなければならない人物だが、中立を保っている。秀吉の中国方面隊は、羽柴秀長・蜂須賀正勝《はちすかまさかつ》・黒田孝高・宇喜多秀家《うきたひでいえ》といった実力のある大将クラスが部隊を的確に指揮し、軍団の精強さを誇っていた。

怒涛の進撃

毛利方の清水宗治《しみずむねはる》が守る備中国高松城《たかまつ》（岡山市北区《きたく》）を水攻めにし、開城《かいじょう》交渉に当たっていた秀吉は、四日の未明までには本能寺の変の一報に接した（『浅野家文書《あさのけもんじょ》』）。本来、毛利方に届く知らせを携えた使者が夜陰に誤って秀吉方に紛れ込み捕縛されたという説と、信長方から情報がもたらされたという説がある。私は、各所に展開した秀吉の独自の情報網により、襲撃を知ったものと推察する。情報を得た秀吉は、ただちに使者を高松城に遣わし、宗治が切腹《せつぷく》することで城兵の助命交渉が成立し、宗治は、城の周囲の舟上で自害して果てた（『萩藩閥閲録《はぎはんばつえつろく》』）。時を移さず毛利《もうり》氏との交渉に入った。秀吉方は蜂須賀正勝を派遣し、毛利方は安国寺恵瓊《あんこくじえけい》がその任にあたった。和睦は成立したのである（『惟任退治記《これとうたいじき》』、『毛利家日記』）。

五日付で秀吉は、中川清秀に書状を送った。清秀は摂津国出身で、今般信長の命により中国地方に出陣する予定で待機している最中に変が勃発したのだ。清秀から京都における不穏な動きについて秀吉に問い合わせがあり、その書状を野殿（岡山市北区）で披見し、返書を送ったのである（「梅林寺文書」、『大日本史料』）。そして沼城（岡山市東区）までいく予定であると伝えている。信長父子は膳所崎《ぜぜがさき》（滋賀県大津市）まで避難したと伝え事実とは異なることを報じ、毛利氏につく可能性も否定できない清秀の動きを牽制した。そして、ひと段落したら姫路に帰城するとも申し添えた。秀吉は虚実織り交ぜて見事に清秀を誘導しているのである。これもまた、見事な秀吉の術である。

かくして、六日のうちに秀吉本隊は沼城に入り、翌七日朝には当地を発ち、大雨の中、増水している川も渡り、姫路に帰城したのである。距離にして七十キロを一気に駆け抜けるという強行軍である。通常の速度の移動とほとんど変わらなかったという見解もあるが、いずれにしても尋常では考えられない行動力である。武具を装着し走破することは、指南のわざであるが、できてしまっている。普通のことをやっていたならば、一歩も二歩も人の先にいくことはできない。それが秀吉である。予め情報を入手し、決戦の準備を調えていたのではないかとも想像できるが、仮定の域は越えない。この地において、先に触れた、藤孝宛の書状が認められている。姫路で態勢を整えた後、九日に姫路を出発し明石《あかし》に到着した。秀吉は、淡路島の洲本《すもと》城を同島の水軍《すいぐん》の将菅氏が奪取したという情報を入手し、広田内蔵丞に攻撃を命令している（「広田文書」）。秀吉の張り巡らされた情報網とそれに対する瞬時の対応には、感服せざるをえない。秀吉は行動が迅速であり、即座に何をしなければならないか分析し対応する能力に長けていることを再確認できる。現代戦においても、「情報」を制すことは、戦闘を制すことであることはあらためて述べるまでもない。

六月十日付で秀吉から中川清秀に送られた書状の写しによると、光秀が山城国久我（京都市）から摂津・河内に進軍するという噂が流れているので取り急ぎ馳せ参ずるように申し入れた。そして、秀吉自身は明日（十一日）、兵庫（兵庫県神戸市）・西宮（同県西宮市）に進む予定でもあるとも伝えた（『中川家文書』）。

秀吉は十一日に尼崎《あまがさき》（同県尼崎市）に進軍し、翌十二日には富田（大阪府高槻市）で決戦の態勢を整えた。

図17　羽柴秀吉（名古屋市秀吉清正記念館所蔵）

足利義昭の上洛工作

迎え撃つ光秀は、十一日に、下鳥羽に戻った。淀《よど》城を修復している。光秀は、信長に抵抗し亡命していた雑賀衆《さいかしゅう》の土橋重治に十二日付で書状を送った（「森文書」、『信長文書』七二〇）。この史料は、藤田達生氏が唱える将軍足利義昭《あしかがよしあき》関与説に関して重要なものとなるので全文を紹介したい。

尚以て、急度御入洛義御馳走肝要に候、委細上意として仰せ出ださるべく候条、巨細能わず候

仰せのごとく未だ申し通ぜず候処に、上意馳走申し付られて、示し給い、快然に候、然して御入洛の事、即ち御請け申し上げ候、其意を得られ　御馳走肝要に候事、

一、其国の儀、御入魂有るべき旨、珍重に候、いよいよ其意を得られ、申し談ずべく候、

一、高野・根来・其元の衆相談ぜられ、泉・河表に至り御出勢尤もに候、知行等の儀、年寄国を以て申し談じ、後々迄互いに入魂遁れ難き候、相談すべき事、

一、江州・濃州悉く平均申し付け、覚悟に任せ候、御気遣有るまじく候、尚使者申すべく候、恐々謹言、

『信長文書』では、天正五年に比定している。藤田氏は、同十年とする『本能寺の変の群像』思文閣出版、二〇〇一年、その他の著書）。その理由として、光秀が反信長派雑賀衆のリーダー土橋重治《つちばししげはる》と接触する可能性は、十年以外に考えられないからだとする。私も十年と考察する。第三条をみると、変後に光秀が近江・美濃の平定を命じたと解釈できる。もし、信長が在世中であるなら、光秀が申し付けるのは、不自然である。信長が命令したならば敬意表現が用いられると思料する。概略は次のとおりである。

「きっと義昭が入洛することを、あなた（土橋）が奔走することが肝要である。今後の委細については上意（義昭）から指示がなされるであろうか、詳細については不明である。あなた（土橋）がおっしゃる通り、これまで連絡を取ったことがなかったが、あなたの方から連絡があった（包紙《つつみがみ》に御返報とあり土橋から連絡があったことが分かる）。義昭について奔走することを、あなた（土橋）の方からお示し頂いたことは快然である。義昭が入洛する事を御請け申し上げる。あなた（土橋）が奔走することが肝要である。」と記している。

光秀は土橋重治とは、交流がなかったが、逆に連絡があったことをこれ幸いと捉えている。重治から義昭の上洛について、申し出があり、光秀は受諾したことになる。

義昭が、信長の訃報に関する情報を入手し、帰京の絶好の機会として動いたことがわかるのが次の小早川隆景に宛てた将軍義昭の御内書《ごないしょ》である（『小早川文書』）。本文の解釈を掲出したい。

「上方方面がかくなる上は、備前・播磨《はりま》に進攻して、この時に帰洛について奔走して欲しい。もし、進軍するならば、間違いがあってはならないので家臣の上野秀政を差し遣わす。詳細については真木島昭光が申し述べる。」

義昭は、天正四年二月頃に備後《びんご》国鞆《とも》の浦《うら》に下着し、毛利氏の庇護を受けていた。研究者によっては、「鞆幕府」として、その実態があるかのように語られているが、政治的な実行力は存在しないとみる方が穏当である。

義昭は、信長の横死に接し、上洛に関して諸方面に指令を出す一環として、重治を介して光秀にも伝えられたのである。

かくして、義昭が事前に光秀と連絡を取っていたのではなく、変後に土橋氏を介して入洛を依頼したと考えるのが自然な解釈になる。谷口克広氏が指摘しているように将軍義昭（黒幕）説は存在しない。

図18　山崎合戦図屏風（大阪城天守閣所蔵）

山崎で決戦

十三日、光秀軍と秀吉軍の激突が、山崎《やまざき》（京都府乙訓郡大山崎町）において行われた。天王山《てんのうざん》と淀川《よどがわ》の間を、秀吉の部隊は、三つの隊に分けて進軍した。山側を羽柴長秀・黒田孝高・前《まえ》野《の》長康《ながやす》（長泰とも）らの隊が、淀川沿いを池田恒興らの隊が、その間を高山《たかやま》右《う》近《こん》（重友《しげとも》）・中川清秀らの隊がそれぞれ部隊を進めた。

光秀軍についてみると松田政近・並河掃部が秀長・孝高隊と対戦した。また、正面方向には、阿閉貞征・斎藤利三・伊《い》勢《せ》貞興《さだおき》らの隊が配置されていた。戦闘は二時間ほどで集結した。最終的に秀吉軍の圧倒的な勝利であった。光秀は決戦地の二キロメートル程度後方の勝竜《しょうりゅう》寺《じ》城《じょう》まで後退した。この城を、織田信孝・羽柴秀吉・池田恒興・丹羽長秀・蜂屋頼隆・堀秀政《ほりひでまさ》・矢部家定《やべいえさだ》・中川清秀・多羅《たら》尾《お》（実名《じつみょう》不詳）ら二万余の軍勢が包囲したのである（『兼見』）。さらに城を出て近江坂本城をめざして敗走する途上、醍醐の辺の小栗栖《おぐるす》（京都市伏見区小栗栖小坂町）で落命した。土民の襲撃により深手を負ったため自害した（『兼見』、「高木文書《たかぎもんじょ》」、「金井文書」）。光秀の首級は、織田信孝の許に届けられたのである。光秀の首と胴体は本能寺において晒された。

斎藤利三は、近江国堅田《かただ》で捕らえられ、京に護送されてきた。利三は、車に乗せられ洛中を引き回され、六条川原で首を刎ねられた。

公家衆の記録には、「済藤蔵助ト中者明智者也。武者なる物也。かれなと信長打《うつ》談合衆也」（『日々記』）、「日向守内斎藤蔵助、今度謀叛随一也、堅田ニ窂籠す、則ち尋ね出し、京洛中車ニテ渡され、於六条川原ニテ誅し了んぬ」（『言経』）という記述がみられる。上述のように、光秀は吉田兼和に謀叛の真相を語っていた。そこで、兼和を介して公家衆にも真相が伝わったことは間違いない。その内容とは、斎藤利三が首謀者であるということだ。光秀を主導したのは、利三である。

先に触れた光秀から藤孝父子に送られた書状にあるように信長襲撃は「不慮の儀」の出来事であり、計画性のない思いもよらないことである。

六月二十七日の清洲《きよす》会議《かいぎ》が開かれた。秀吉のほか、柴田勝家、丹羽長秀が参席した。秀吉の主導のもと、三法師（秀信）が織田家の家督の継承者に指名された。秀吉は山城・丹波などの畿内の主要な地を手にした。秀吉の時代へと推移していくことになる。

光秀の人物像と信長襲撃の動機

経文偉武の人物

戦国武将と文芸

駿河《するが》今川《いまがわ》氏・能登《のと》畠山《はたけやま》氏・越前《えちぜん》朝倉《あさくら》氏・若狭《わかさ》武田《たけだ》氏・美濃《みの》土岐《とき》氏・出雲《いずも》尼子《あまご》氏・周防《すおう》大内《おおうち》氏といった戦国大名の多くは、和歌《わか》・連歌《れんが》を中心に文芸活動に励んだ。漢詩文・茶の湯等にも接し、『源氏物語《げんじものがたり》』『伊勢物語《いせものがたり》』といった王朝古典文学も学んだ。朝倉・土岐歴代の文芸受容の概略については、すでに触れたとおりである。戦国大名の中には、武人として必要な教養としての「文芸」を越えて、主体的な姿勢で専門的に「文芸」に執心する者もいた。たとえば、大内氏歴代きっての文化人大名大内政弘《おおうちまさひろ》は、応仁《おうにん》の乱に際し、およそ十年在京し三条公敦《さんじょうきんあつ》ら京都の一流の文化人と交流し、地元山口にあっては、当代最高の連歌師《れんがし》宗祇《そうぎ》や兼載《けんさい》を招来し連歌に没頭するなど文事に勤しんだ。その成果として家集『拾塵和歌集《しゆうじん》』が伝わっている。

戦国大名は、武芸に優れているばかりでなく、文事に秀でていることも統治者として有していなければならない資質なのである。そして家臣の誰よりも文芸に関する教養を身につけ、品性に秀でる必要があった。文と武とは領国統治の両輪である。

そして、戦国大名もさることながら、その家臣たちも積極的に文芸を嗜んだ。そこには、当主を中核とする文芸を享受する集団が形成されていた。

中央の文化に匹敵するほどの文化的な教養の高さを示すことも戦国大名の到達点といえよう。まさに、「大内文化」はその典型ではなかろうか。

連歌事績

連歌は、五・七・五の長句（上句）と七・七の短句（下句）とを唱和させたもので、これを続けていく文学である。百句続けて詠む百韻《ひやくいん》連歌が一般的で、千句・万句に至る場合もある。一人で行う場合は独吟で、三人で実施すれば三吟となる。したがって連歌を嗜むためには、高い文学的な知識が必要とされることは、あらためて述べるまでもない。

年頭連歌・月次連歌・出陣連歌など、戦国武将にとって日常生活・年中行事《ねんじゆうぎようじ》の一端でもあり、戦時の合間に連歌会を催していた。陣中においても連歌に勤しんできたのである。

織豊期の武将にとっても連歌は戦陣の合間に行っていた。既述のように千利休《せんのりきゅう》没後の茶道界を牽引する古田織部《ふるたおりべ》は、織田信長《おだのぶなが》の家臣時代に光秀とも連歌を行っていた。また、黒田官兵衛孝高《くろだかんべえよしたか》も連歌に堪能であった。官兵衛（孝高）が朝鮮への出陣前に幽斎《ゆうさい》（細川藤孝《ほそかわふじたか》）から自筆の『新古今集聞書《ききがき》』を送られている。その奥書《おくがき》には、官兵衛が歌学《かがく》等に熱心に取り組んでいるので贈ると記されている。官兵衛はこの頃、和歌や連歌に執心しており、幽斎・里村紹巴《さとむらじょうは》らと親しく文芸交流をしていた。幽歳からは、今生の別れの意味を込めて渡されたのであろう。なお、拙稿（姫路文学館特別展図録『黒田官兵衛の魅力　天下をねらった播磨の智将』二〇一一年）について、綿抜豊昭氏は、官兵衛は、歌学等に熱心であったことを示すものがなく、あくまでも「餞別品」であると指摘している（『戦国武将と連歌師』平凡社、二〇一四年）。綿抜氏の指摘をどのように理解してよいか分からない。

ところで、光秀は、入京間もない、永禄十一年（一五六八）十一月十五日には、明院《みょういん》良政《りょうせい》・藤孝・紹巴・昌叱《しょうしつ》と連歌を催している。連歌は総合文芸であり、さまざまな知識を必要とすることから、これ以前から教養を高めていたことは、確かであろう。翌々年の永禄十三年（元亀元）三月二十一日、何船連歌会に藤孝らと参席している。以後光秀の連歌に関する履歴を表にすると次のとおりである。

日付	光秀以外の主要参会者	場所等
天正元年		
六月二十八日	吉田兼和・里村昌叱	坂本城・三十六歌仙連歌
天正二年		
正月二十四日	里村紹巴	多聞山城・何人百韻
正月二十六日	中坊覚祐	多聞山城・何人百韻
七月四日	紹巴・長岡藤孝・古田重然（織部）・塙直政	坂本城か
閏十一月二日	藤孝・紹巴・昌叱・津田宗及・明智自然丸	坂本城
天正三年		
五月十五日	島津家久	坂本城
天正四年		
四月	紹巴・藤孝・昌叱	坂本城（明智邸）・三百韻
天正五年		
四月五〜六日	紹巴・昌叱・藤孝・宗及	愛宕山・千句
九月四日	兼和	京都
十二月二日	紹巴・藤孝	百韻
天正六年		

三月十日	聖護院道澄・藤孝・紹巴・昌叱・明智光慶・斎藤利三	坂本城・出陣戦勝祈念連歌
四月八日	藤孝	亀山城
天正七年		
七月十八日	紹巴・昌叱・心前	亀山城・千句連歌
天正八年		
正月二十三日	紹巴・昌叱・光慶・利三	山何百韻
天正九年		
正月六日	藤孝	坂本城・年頭の連歌
四月十二日	藤孝・紹巴	天橋立智恩寺文殊堂
八月十五日	宗及	周山城
十一月十九日	紹巴・昌叱・心前・秀就	五吟一日千句
天正十年		
正月九日	藤孝・紹巴・昌叱・宗及・光慶・利三	坂本城・年頭の連歌
五月二十八日（二十四日とも）	紹巴・昌叱・光慶	愛宕西坊威徳院

光秀は、表のとおり戦勝祈念・坂本城竣工の祝賀・年頭の儀等、戦陣の合間に連歌をたびたび催している。当代最高の連歌師里村紹巴やその一門の人々から指導を得ている。津《つ》田《だ》宗及《そうぎゅう》・長岡藤孝ら一流の文化人と連歌を楽しんだ。もちろん、光秀がパトロンとして

紹巴を掌握下においていたという側面もあろう。

光秀の連歌の履歴として、千句連歌会を催したことが散見される点は、特に注目すべきである。千句を詠むからには、参席者それぞれがさまざまな文学的知識が要求されるわけであり、連歌に執心していないと千句連歌に参加することは不可能である。したがって光秀は、連歌に熟達していたとみてよいであろう。信長家臣団でも随一といっても過言ではなかろう。光秀は、武人として必須の教養として「連歌」に取り組むことに加えて、主体的で積極的に「連歌」を楽しんでいた。

その一例として、天正六年（一五七八）五月二日付で紹巴に宛てた書状が挙げられる。播磨方面に出陣した際、『源氏物語』等の王朝古典文学に登場する地名に接することができ心を躍らせた様子を連歌の師匠紹巴に知らせたことである。

また、天正九年四月、古来、さまざまな文学作品にも登場する天《あま》の橋立《はしだて》において里村紹巴・津田宗及・山上宗二《やまのうえのそうじ》・長岡藤孝が参会し、文事に耽った。「大江山《おおえやま》　生野の道のとほければ　まだふみも見ず　天の橋立」という小式部の歌も念頭に置いたのであろう。文学を愛する光秀の至福のひとときであったと思われる。

光秀の子息光慶《みつよし》・自然丸や家臣斎藤利三《さいとうとしみつ》ら明智家の枢要な人々も、連歌を嗜んでいた。

図19　千利休（不審庵所蔵）

明智家として年始の連歌会も催していた。織田政権下の有力者光秀が、教養高き集団としての明智家を示したともいえる。

なお、光秀の和歌としては、「九重のうちさへとをき東かた　たびとしきかば待やこがれむ」「咲つづく花の梢をながむれば　さながら雪の山かぜぞ吹」などが知れる。

茶の湯事績

光秀が、いつ頃から茶の湯に接したかは、確かなことは分からないが、すでに越前《えちぜん》に在住していたときには、朝倉《あさくら》氏の茶の湯文化に触れたのではなかろうかと推測される。光秀は、連歌を通じても茶匠津田宗及と親しく交流していた。当然、茶の湯についても、茶席をたびたびともにした。さまざまな指導を受けたのであろう。

天下一の茶人千利休とも近しい間柄であった。織田政権における実力者同士である。天正九年二月二日の重宗甫の茶会に両者は、同席している。また、同年のものと推定される四月一日付で利休から平勘兵衛尉（末吉利方《すえよしとしかた》カ）に宛てた書状には、「日向殿(明智光秀)へ、そののち参り候わで、悲しく候。いろ〳〵煩らいになり申し候」と記されていて、（桑田忠親『定本千利休の書簡』二八）千利休は、光秀を訪問することができず残念な様子を伝えている。桑田氏は、利休が光秀のことを心配していると解釈しているが、たんに利休が患って光秀に会えないと理解できないだろうか。また、千利休が平勘兵衛尉に送った別の書状によると、光秀が信長に所望して入手したとみられる「吉井釜」を利休は見て目を驚かしたとある（『定本千利休の書簡』三〇）。

「光秀と茶の湯」で注目されるのは、信長から拝領した茶の湯道具を用いて特別の茶会を開いたことであろう。天正六年から同十年の間、年頭に当たり毎年茶会を催し、宗及を師として招いている。場所は、いずれも坂本城である。この場合の茶の湯は儀礼的な茶の湯で、明智家としての初釜で、「公」の場である。信長の上級家臣としての権威の象徴でもある。

光秀の茶の湯の記録については、「公」「私」ともに坂本城で張行した会の記録が主に残っている。もちろん、記録には残っていないが実際に行われた会も多数あったことは間違いない。

天正八年十二月二十日に斎藤利三が催した茶席は、光秀の茶の湯道具が用いられた。そのなかで「落葉之壺」を初めて見た宗及は「薬色ヨシ、口ナトタチノヒテ一段見事ニ候」と褒めている。数多の大名物《だいめいぶつ》を実視してきた茶の湯の宗匠宗及が絶賛するからには、光秀は、相応の「目利き」になっていたとみられ、本格的な茶の湯者としての道も歩んでいた。

家臣たちの間にも茶の湯文化は着実に浸透していた。

天正五年六月二十九日に明智少（小）兵衛尉が宗及の茶会に参席している。同じく小兵衛は、同八年四月十九日の宗及の茶会に呼ばれている。この少兵衛尉は、重臣三沢秀次《みさわひでつぐ》である。

天正八年九月二十一日の朝、坂本城内において光秀の娘婿である明智弥平次秀満《ひでみつ》（三宅弥平次）による口切の茶会が開かれている。光秀をはじめとして宗及・明智少兵衛尉・斎藤利三が参会している。

同年十二月十日の朝、明智掃部と同半右衛門（猪飼野秀貞《いかいのひでさだ》）が宗及の開いた会に招待されている。ちなみに掃部は、本能寺《ほんのうじ》の変後の同十年八月三日の宗及の会にも参席している。また、天正八年十二月二十日の夜には、斎藤利三の許で茶席が設けられ、同月晦日の晩は、斎藤利三ひとり、宗及の客となった。

このように、光秀の家臣たちは、主に津田宗及を師匠として茶の湯の手ほどきを受けていた。茶の湯が明智家の人々に広まっていたのである。

かくして、光秀および明智家の人々は、連歌については里村一門、茶の湯については、津田宗及から指南を受けた。連歌・茶の湯は光秀の文芸活動の両翼をなすものである。光秀を中核として藤孝・紹巴・宗及という人々によって文化集団が形成されていた。藤孝のように当代最高の学者とはいえないにしろ、光秀は信長家臣団において、教養高き武人として評価することができよう。光秀の取り組む姿勢は、戦時と戦時の狭間において主体的に文芸を享受しようとする真摯な姿勢を窺い知ることもできる。家臣たちも統率者光秀を頂点として文芸に勤しんだのである。織田政権下、随一の成熟した文化集団ともいえよう。

天正六年から十年の間の年始における「明智家」としての初釜や、天正九・十年に行われた年始の連歌会は信長の重臣としての威勢を示すとともに、光秀が「明智家」の統率者（為政者）として、家臣や領民に対して政治・軍事ばかりでなく文化をもその掌握下におくことを顕示していたものと考えられる。

少々言い過ぎかもしれないが、光秀の文芸に対する取り組みは、戦国大名なみの文武両面において頂点に立とうとする統治者としての姿をも垣間見られるのではなかろうか。

光秀と家族、そして家臣たち

細密な人

ルイス・フロイス『日本史』では、光秀は、「深慮深い」「狡猾である」「謀略に長け・忍耐力を持ち・計略と策謀の達人」「裏切りや密会を好む」「築城に優れ、配下の武将を的確に使用していた」と記されている。はたしてどの程度、光秀のことを語っているのであろうか。これまで述べてきた光秀の事績から彼の人物像を振り返ることにしたい。

まず、事務吏僚として堅実かつ迅速な処理能力を持っていると思う。たとえば、天正八年（一五八〇）九月に滝川一益《たきがわかずます》とともに信長の上使《じょうし》として大和《やまと》全般の検地《けんち》を行った際には、短期間に厳格に処置を済ませている。また、光秀は入京間もない永禄十二年（一五六九）の頃には、羽柴秀吉《はしばひでよし》ら四名で政務に携わり、そつなくこなしていた。天正元年から同三年にかけての京都代官としての職務も適切に執行していた。

天正七年の八上城を攻略する際の敵兵に対する細かい取り決めを示すなど戦場における規律等を細部にわたって統制している。細やかな性格であったのだろう。計画的で細かい指示が出されている。また、天正九年十二月に示された「家中法度」に代表されるように家臣に対しても細密な規定を明示していた。領国が近江《おうみ》志賀と丹波《たんば》の二ヶ所であり、家臣団もさまざまな経緯で糾合した雑多な集団であり、これらを統制するためにも細かい法度が必要とされたのであろう。

光秀は、最高指揮官を補佐する幕僚としての能力が秀でていた。天正二年七月二十九日付の信長から光秀に送られた書状にその様子を知ることができる。光秀は、最高指揮官信長が理解しやすいように戦況を緻密に報告し、適切に指令が出せる情報を提示していた。光秀は信長からは、報告の内容が、戦場にいるかのように適切であると激賞されている。光秀は文事に秀でており、これも「報告書」を作成するのに役に立ったのかもしれない。

なお、光秀よりも秀吉の方が、信長を納得させてしまうという点においては、一枚も二枚も上手であったと思う。天正五年十月の播磨における秀吉のパフォーマンスなどは、光秀には到底できないと思う。光秀と秀吉の書状を較べると、光秀は極めて真面目に緻密に文章を認めていたと思う。ただし受け取り手を感服させる能力については、先述のように光秀は秀吉には及ばない。

非情な人

武将として当然であるが、八上城攻めにみられるように、包囲戦を展開し、一人も残らず敵方を討ち果すという姿勢で戦場に臨んできた。敵方の人々を一人残らず処罰するという光秀の徹底ぶりには、注視すべきであろう。真面目で几帳面な光秀の武人としての厳格で残忍な対応を確認できる。天正七年波多野《はたの》氏・赤井氏を攻略した際の手紙には「三ヶ年以来の鬱憤散じ候」と記されていて、内に秘めた厳しい人物であったことが分かる。気性の激しい人物であったとも想像される。

妹

光秀の父母の名前は、不明確である。信長の側室となった妹「ツマキ」が知られる。天正九年八月に死去した際に光秀は大いに落胆した。『兼見』『言経』にその存在を確認できる。信長の意向を動かすことが出来た人物ともいわれる。

妻

正室は、美濃国妻木《つまき》城（岐阜県土岐市）を拠点とする妻木氏の出身。西教《さいきょう》寺過去帳《じかこちょう》には、天正四年十一月七日に死去した「明智惟任日向守光秀御臺」が記録されており、この人物が光秀の正室と思われる。父は妻木範熙《のりひろ》（『綿考輯録《めんこうしゅうろく》』）、または、妻木広忠《ひろただ》（「妻木系図」）とされる。『寛永諸家系図伝《かんえいしょかけいずでん》』には、妻木藤右衛門（広忠）は、光秀の伯父とあり、正室の伯父に当たるか。藤右衛門は、本能寺の変後六月十八日に西教寺で自害する。「明智藤右衛門入道」として知られる（「定光寺文書」、『愛知県史』）。なお、藤衛門の子貞徳は信長に馬廻《うままわり》として仕えた。

光秀には、側室がいた可能性もあるが、確かなことは分からない。

息子

先に触れたように天正九年四月に光秀一行が福知山《ふくちやま》を訪れた際、光秀に同行した二名は光慶《みつよし》と自然に比定される。光秀には、少なくとも二名の男子がいたことは確かである。

嫡男とされるのが、光慶である。十五郎あるいは十兵衛とも。本能寺の変の直前の愛宕《あたご》山《やま》における百韻連歌会において、父光秀・威徳院行祐、そして里村紹巴ら里村一門が出席した会にその名を確認できる。光慶は、「国々は猶のどかなるころ」という最後の一句を詠み、この会をおさめた。このときには、光秀は信長襲撃を決心しており、光慶に気持ちを託したのであろう。あえて光慶を参会させるからには、決行は告げられていたのではなかろうか。なお、光慶は、これに先立ち天正六年三月十日の坂本城における連歌会にも参席している。

二男と考えられるのが自然である。天正二年閏十一月二日の連歌会や同九年正月十一日の茶会にその名を確認できる。なお、光慶と自然は同一人物という見解もある（和田裕弘『織田信長の家臣団』中央公論新社〈中公新書〉、二〇一七年）。両者は、別人と思われるが、同一という見方も完全には否定できない。

娘

光秀の娘として分かるのは、三名である。著名なのは玉《たま》（細川ガラシャ）であろう。三女とみられる。永禄六年生まれ。天正六年に細川（長岡）藤孝の息子忠興《ただおき》と結婚する（『綿考輯録』等）。まさに光秀・藤孝の丹波・丹後《たんご》攻略の提携の証である。本能寺の変に際しては、光秀の要請を拒絶した忠興は、玉を三戸野に幽閉した。明智家に対する細川家の意思を明示するためである。藤孝・忠興父子は、剃髪した。藤孝は宮津《みやづ》城と家督を譲り田辺城に退き、「幽斎玄旨《ゆうさいげんし》」と称した。玉は慶長《けいちょう》五年（一六〇〇）の関《せき》ヶ原《はら》合戦に際しては、石田三成《いしだみつなり》からの大坂《おおさか》城へ人質として入城するように命令されたが拒否し、自害した。忠隆《ただたか》・興秋《おきあき》・忠利《ただとし》などが子として知られる。

玉以外では、摂津《せっつ》有岡城の荒木村重《あらきむらしげ》の嫡男村次《むらつぐ》の妻になった女性が知られる。長女とみられる。村重が信長と敵対関係になって以降、光秀は家臣の、明智秀満《ひでみつ》に再婚させたと記録に残る（『立入《たてり》左京亮《さきょうのすけ》入道《にゅうどう》隆佐《りゅうさ》記《き》』、『陰徳太平記《いんとくたいへいき》』）。

もう一人は、津田《つだ》（織田）信澄《のぶずみ》の妻が知られる（『多聞院』）。信澄は、信長の弟信勝《のぶかつ》の子である。天正十年五月に信長は、信孝を総大将として四国攻めを行う予定であった。信澄は副将として参陣することとなった。信澄は、義父光秀との関係を疑われた。六月五日、大坂城にいた信澄は信孝《のぶたか》・丹羽長秀《にわながひで》に攻撃され討死《うちじに》した。

家臣団編成

光秀の親族・重臣で、信長襲撃の直前に談合した衆として次の人々が知られる（『公記』）。それぞれ明智姓を称したとみられる。光秀を支えた人々である。

明智秀満……もともと三宅弥平次と称した。光秀の娘婿。福知山《ふくちやま》城を任される。坂本城や福知山城で津田宗及らをもてなすなど文人としても活動した。福知山城下では、有路村の水門の統制をしている。秀満が民政にも深く関わっていたことが分かる。また、光秀の判物《はんもつ》に基づき丁寧寺（京都府福知山市）に対して諸役を免除している。また、坂本城の築城に際し、城郭《じょうかく》の内装について指示している。

明智光忠《みつただ》……次右衛門。光秀の従兄弟とされるが確証はない。八上《やかみ》城を任される。

藤田行政……伝五。明智伝五とも称した。信長襲撃後、筒井順慶《つついじゅんけい》との交渉役を務めた。

光秀から大和国今井郷《いまいごう》等に宛てた書状によると伝五が使者として派遣されている。『多聞院』『蓮成院記録』に伝五の名が散見され、光秀の大和統制に関与したことが知られる。

斎藤利三……内蔵助。斎藤伊豆守利賢《いずのかみとしかた》の息子とも。母は、光秀の叔母または妹とも伝えられるが、確かなことは分からない。当初は稲葉一鉄《いなばいってつ》に仕えた。兄は石谷頼《いしがいより》辰《とき》。頼辰の義妹が長宗我部元親《ちょうそがべもとちか》の正室。娘は徳川《とくがわ》三代将軍家光《しょうぐんいえみつ》の乳母《うば》福（春日局《かすがのつぼね》）。子息は利宗《としむね》（明智平三〈十〉郎）、三存（明智与三兵衛）が知られる。利三についても明智姓を称したものとみられる。連歌や茶の湯を嗜むなど教養人としても知られる。黒井城を任される。丹波国白毫寺《びゃくごうじ》（兵庫県丹波市）に戻った僧への人足役《にんそくやく》を免除する判物を発給している。本能寺の変に際しては、キーマンとなった。

三沢秀次……少兵衛尉。宗及の茶会に参席。「明智少兵衛」と記録されている。

光秀は、支配領域が拡大するのに伴い在地の国衆《くにしゅう》を自己の家臣として、掌握していった。それぞれの編成を確認すると以下のとおりである。

近江衆……「堅田《かただ》衆」として猪飼野昇貞《いかいののぶさだ》・同秀貞《ひでさだ》・馬場《ばば》孫次郎・居初又二郎《いそめまたじろう》の名を確

認できる。光秀の与力《よりき》として昇貞は、堅田を中心に琵琶湖《びわこ》の水運等を差配していた。山崎《やまざき》の戦で光秀方として参戦し、討死したとされる。秀貞は、明智姓を与えられ、「明智半左衛門」と称し、津田宗及の茶会に参席している。

天正十年正月十五日に実施された「爆竹」に江州衆として参加し、本能寺の変でも光秀に加担した人物として、多賀常則《たがつねのり》・後藤高治《ごとうたかはる》・京極高次《きょうごくたかつぐ》・山《やま》崎秀家《ざきひでいえ》・小川祐忠《おがわすけただ》・池田景雄《いけだかげかつ》・久徳左近兵衛・阿閉貞征《あつじさだゆき》らが知られる。

山城《やましろ》衆……信長襲撃の時に光秀に与同した人物として狛綱吉《こまつなよし》・御牧景重《みまきかげしげ》・同景則《かげのり》がいた。

丹波衆……小畠《おばた》（明智）越前守永明《ながあき》は、光秀の丹波経略に多大な貢献をした。並河掃部・荒木氏綱《うじつな》・四王天但馬《しおうてんたじま》守らは、光秀方として本能寺の変に参戦している。

大和衆……天正九年二月二十八日の馬揃えでは、筒井順慶を中心に、光秀の指揮下で進軍した。また、同十年正月一日に光秀が安土《あづち》城の信長の許に年始に伺候した際に、筒井《つつい》氏・箸尾《はしお》氏・越智《おち》氏を伴っている。同年三月の信長の甲斐《かい》遠征に際しては、光秀の「一手の衆」として参戦しており、光秀軍の一翼として参戦している。

大和国井戸城の井戸良弘《いどよしひろ》は、筒井順慶の配下として活動した。良弘の次男治秀《はるひで》が光秀の婿という関係もあり、本能寺の変に際し光秀方として参戦している。

旧幕府系……伊勢貞興《いせさだおき》・諏訪飛騨守《すわひだ》・津田重久《つだしげひさ》の名が知られる。山崎合戦に参戦した。

丹後衆……細川藤孝の直臣と国衆による軍事編成がなされていたと思うが、本能寺の変に際しては機能しなかった。

若狭衆……武田元明《たけだもとあき》・内藤重政《ないとうしげまさ》・白井民部少輔《みんぶのしょう》・寺井源左衛門・香川右衛門大夫・山県秀政《やまがたひでまさ》らは、本能寺の変の際、光秀の呼びかけに応じて光秀方として活動した。

なお、高柳光寿氏『明智光秀』では、摂津衆を設定し、池田恒興《いけだつねおき》・中川清秀《なかがわきよひで》・高山右近《たかやまうこん》を光秀の与力としているが、その動きはみられない。

光秀と秀吉の軍事編制を単純に比較するならば、光秀の方に脆弱性が感じられる。光秀自身の統制下にある近江と丹波をみるならば、秀吉方の黒田孝高《くろだよしたか》のような部隊を的確に指揮し、強力なリーダーシップをもって牽引する武将が存在しないような気がする。秀吉軍団の強さは精細な情報網・迅速な行動力である。

明智軍においては、部隊の末端まで最高指揮官の指令が的確に行き届いていたかどうか不明である。明智秀満や斎藤利三のような人物が活躍すべきであったか。筒井順慶・細川藤孝の軍勢に見限られたのも大きな問題である。

近江志賀郡・丹波支配

光秀は、京都を包括する近江志賀郡と丹波という枢要な地の統治を任された。これまで述べてきたことを総括すると以下のとおりである。

元亀二年九月の比叡山《ひえいざん》焼き討ち後、志賀郡を与えられ、坂本《さかもと》を中核として逐次在地に根ざした国衆を掌握下に置いた。たとえば、猪飼野氏には、琵琶湖の湖上交通や漁業を統括させた。光秀の主導のもと郡内における商業流通の統制・年貢《ねんぐ》の納入・夫役《ぶやく》賦課等に関して指示をしていた状況を確認できる。

天正三年に丹波国に進攻した光秀は、反信長勢力である内藤・宇津・赤井（荻野）・波多野氏らに対して、小畠氏ら国衆の助力を得て、掃討作戦を展開した。城破《しろわ》りを実施し、領内において敵勢力ともなりうる城郭の破却と統制を図り、国衆を掌握下に置き、亀山城を中核とし、重臣・親族を福知山城等に配置し領国支配体制の強化を図っている。実際に福知山城下では、明智秀満が細部にわたって民政に関与している。

光秀は、進出の地である丹波を統治するのに当たり、在地に勢力を誇る小畠氏や並河氏ら国衆を明智姓にすることで同族意識の醸成と主従関係の創出を図ることにした。この関係をも活用し在地の支配および軍事において統制下に置いたのである。もともと三宅姓であった秀満が明智姓となったのも同様の視点であろう。知行《ちぎょう》宛行・諸役賦課免許・市場統制等に関して丹波の領主として指示する書状を発給しており、適宜領国経営が展開されていった。たとえば、天正八年七月日付で宮田《みやだ》市場（兵庫県篠山市）の統制と保護を行い市の開催日を定めている。

そして、筒井順慶と長岡藤孝を与力として大和と丹後を軍事的指揮下に置くとともに、統治としての指揮権も有することになる。また、山城衆・旧幕府系の人々も組み入れた。伊勢貞興らは、明智軍の一翼を担った。

かくして、光秀は、近江志賀郡と丹波の地域支配と「中央方面隊長」としての軍事組織を指揮したのである。

本能寺の変の要因

なぜ、光秀が主君信長を襲撃したのか。その要因については、数多の研究者や歴史小説家等により怨恨説・野望説・黒幕説等が提示されてきた。

黒幕説

一九九〇年以降、黒幕説について活発な議論が行われるようになった。朝廷黒幕説について学術論文で自説を展開したのが立花京子氏である（立花巻末）。この立花氏の説は、今谷明氏・藤田達生氏・谷口克広氏らによって明確に否定されている。変前後において朝廷が光秀に働きかけた形跡がないことや、論拠として挙げた、『日々記』『兼見』の記述を曲解している点である。たとえば『日々記』の「信長打談合衆」という記述を記主の勧《か》修《じゅう》寺《じ》晴豊《はれとよ》が陰謀に加担したものと主張している。

私も朝廷の関与はないと思う。単純な疑問として、もし朝廷が関与したならば、変後に信孝や秀吉によって厳しい対応が図られたと考えられるが、そのような動きはない。

黒幕説のもう一つが、足利義昭《あしかがよしあき》の関与である。藤田達生氏が主に唱えた説である。この説について谷口克広氏は、完全否定している。私も光秀との連携がないことは先に述べたとおりである。変後に義昭と光秀の連携について、はじめて連絡を取っていたことは事実である。

その他で、秀吉・本願寺《ほんがんじ》顕如《けんにょ》・南欧権力等の説があるが、どうやら関係を示す史料が出現しない限り光秀を動かした黒幕は存在しないといわざるをえない。

四国対策の変更

昨今では、「石谷《いしがい》家文書」の公表とともに「信長の長宗我部《ちようそがべ》氏対策の変更」が光秀の行動に大きな影響を与えたという説が主流になっているのではなかろうか。あらためてこの問題について振り返ることにしたい。

天正三年（一五七五）に信長と長宗我部氏との取次をしたのは光秀である。光秀の重臣斎藤利三の兄石谷頼辰《いしがいよりとき》の義妹が長宗我部元親の正室という関係から担当したのであろう。『元親記』には「四国の儀は元親手柄次第に切取り候へ」と記されていて、信長としては、元親の四国における行動を容認したようになっている。長宗我部氏は、阿波《あわ》に進攻を開始した。そして讃岐《さぬき》・伊予《いよ》にも進出する勢いである。

天正六年十二月十六日付の石谷頼辰宛の長宗我部元親書状によると、元親の嫡男弥三郎が信長から「信」の字を受領したことや、元親と斎藤利三が相互に連絡を取っていたことが分かる（『石谷家文書』）。なお、弥三郎の偏諱《へんき》については、これまで天正三年とみられていたが、この史料から同六年とも考えられる。

天正八年の段階で光秀は、依然として信長と長宗我部氏との取次をしている。また、一方で三好康長《みよしやすなが》の動きも看過できない。三好康長は、同年六月十四日付で長宗我部元親の弟香宗我部親泰《こうそかべちかやす》に宛てて書状を出している（内閣文庫《ないかくぶんこ》蔵「古証文《こしょうもん》」）。その内容は、「阿波方面に関して、信長の朱印《しゅいん》が出された。その方（親泰方）が特別に奔走してくれれば快然である旨を伝えるよう指示された。同名の式部少輔は若輩であり、よろしく指導してほしい」というものである。これは、十二日付の信長が親泰に出した朱印状の副状《そえじょう》である。康長も四国方面の外交を担当していた。『信長文書』の解説では、元親は弟親泰を安土《あづち》に派遣して、これを告げ、阿波国を領有する目的で康長との友好を信長に依頼したと記している。

翌九年になって信長の四国政策に変化がみられる。信長から光秀に送られた馬揃えの準備に関する書状によると、三好康長を阿波へ遣わすので除くように指示している。たんなる取次の用務というよりも、相応の仕事を任されたのであろう。康長は、阿波への渡海準備、あるいは阿波に赴いている。長宗我部氏対策のためである。当然信長主導で康長を派遣する計画が進められた。『阿州古戦記』によると康長が阿波の国を回復したと記されており、康長が軍事行動を起こしたものと推定される。

篠原自遁《しのはらじとん》（実長《さねなが》）ら阿波における三好家の旧臣は信長に属するため黒田孝高を介して中国地方に展開中の秀吉に頼った。九月には、自遁からの注進を受けた秀吉は、孝高に対して仙石秀久《せんごくひでひさ》・生駒親正《いこまちかまさ》・明石元知《あかしもととも》とともに勝瑞城等の救援に向かわせている（『黒田家文書』）。

十一月、黒田孝高・仙石秀久らの秀吉の軍勢と池田元助《いけだもとすけ》軍が淡路島の安宅清康を攻略している（『公記』、『黒田家文書』）。池田元助が動くからには秀吉は、信長の指令を受けて黒田孝高らの軍勢を差し向けたと考えられる。なお、この秀吉の一連の行動は、尾下氏によると天正十年のこととする（巻末）。

年次を欠く十一月二十四日付の秀吉宛の長宗我部元親書状の写しは、とても興味深い情報を提供してくれる（東京大学史料編纂所架蔵「吉田文書」、藤田達生氏『証言本能寺の変』

の史料編を参照させて頂いた)。

この書状では、「状況によっては秀吉に加勢を依頼する」「四国の手立てについては、信長の朱印に基づいての行動である」「阿波・讃岐が平定したならば西国《さいごく》表の戦闘に加勢する用意がある」「三好康長が近日中に讃岐に下国する。詳細については使者が申しあげる」「(秀吉が)淡路《あわじ》を平定し、その後、許容したとのこと。淡路方面について指令をお持ちしている」「何か連絡事項があれば斎藤利三まで伝えて欲しい」と記されている。

この史料から分かることとして元親は、信長の承認を得て四国平定作戦を展開していることを確認している点である。また、三好康長の動向については、元親から情報を得ており、秀吉は康長と連携していないことも確かである。したがって藤田達生氏のいうような「三好—秀吉ライン」などは存在していない。また、元親は斎藤利三とも連携していることを伝えており、「明智—長宗我部ライン」はしっかりと維持されている。この時点で織田方の四国征伐において、羽柴秀吉がある程度の発言力を有していると考えられる。藤田達生氏は、天正八年の発給としているが、淡路島を攻撃した内容が記されているので、私は、この書状は天正九年に発給されたものと考える。

また、小豆島《しょうどしま》を拠点にしていた安富氏に宛てた十一月二十三日付の松井友閑《まついゆうかん》の書状では、淡路が平定され、阿波・讃岐を三好康長に任せる旨が記されている。信長の意向であることを明示している（東京大学史料編纂所架蔵影写本本「吉田文書」、『明智史料』所収史料を参照させて頂いた）。淡路の平定と康長の動向が先の史料と関連するものである。この史料も天正九年に書かれたものとみて良いであろう。

この頃であろうか、信長は、元親に対して土佐《とさ》と阿波の南半分の領有を認め、讃岐と伊予については進攻を認めないと宣告した。光秀は、説得のため石谷頼辰を元親のもとに派遣したとされる（『元親記』）。

天正九年十一月上旬までは、織田・長宗我部の関係は、表面上は、友好関係を維持し、直接対決はなかったとする平井上総氏の見解もある（平井巻末）。

斎藤利三と石谷頼辰

天正十年、信長は、武田征伐の出陣に先立ち、三好康長に対して、四国への出陣を命じている（『公記』）。甲州等遠征後、信長は本格的に四国平定作戦に着手する。五月七日付で織田信孝《のぶたか》に発給された信長の朱印状には、四国の国割《くにわり》のことが記されている（「寺尾菊子氏所蔵文書」、『信長文書』一〇五二）。讃岐を信孝に、阿波を康長に宛てがうことにした。そして、信長は、讃岐・阿波以外については、淡路に出馬したときに検討するとしている。史料中の「万端山城守に対し、君臣・父母の

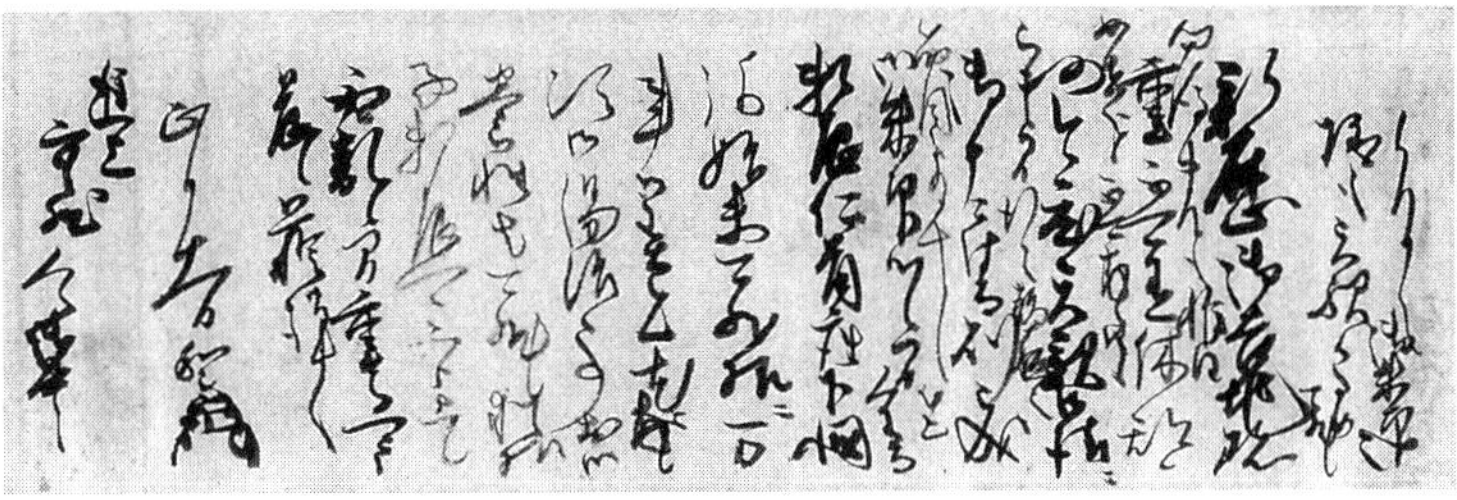

図20　石谷家文書32　斎藤利三書状
（画像提供：林原美術館／東京大学史料編纂所撮影／DNPartcom）

思いを成す」や『宇野主水日記《うのもんどにっき》』、「慈円院正以《じえんいんしょうい》書状」（神宮《じんぐう》文庫《ぶんこ》蔵）から信孝は、康長の養子となっている（諏訪巻末）。ここで注視したいのは、土佐については白紙の状態であり、長宗我部氏の出方次第であることや、信孝を康長の養子として四国平定をすすめている点である。康長に関わる人事は信長の主導のもとに行われていて、秀吉の積極的な関与はみられない。

この間、信長の四国への侵攻に対応するため、光秀・斎藤利三・石谷頼辰が奔走している。正月十一日付で頼辰の父光《みつ》政《まさ》に送った斎藤利三の書状によると、信長の朱印状を持って頼辰が土佐に下向している（『石谷家文書』三二）。重ねてとあるからには、頼辰が信長と元親の交渉のため、複数回、土佐に赴いていたことが分かる。そして、尚々書で、朱印の旨に任せることが良いとも伝えている。さらに行間には、今後とも光秀が疎略に扱うことはなく、穏便にことを進めるべきと言葉を添えている。この書状を読むと、元親は、信長の信任を得て四国平定戦に臨んでいたのにもかかわらず、突然の信長の政策転換に納得していないことを確認できる。

本能寺の変の直前の五月二十一日付で元親から利三に書状が送られている（『石谷家文書』一九）。信長の四国征伐が決定した直後でもある。この書状には、阿波国の一宮城（徳島市）等は返却し、海部・大西両城は、土佐の防衛のために保持を願い出ている。元親は、利三の取り成しに深謝した。頼辰に思うところを伝えたとも申し添えている。どうやらこの書状は、変の動乱のため利三には届かず石谷家が保管することになったようだ。

『石谷家文書』の二通の書状を読むと、当初、元親は信長の指示に不服のようであるが、武田氏を滅ぼし、怒涛の勢いである信長政権に対して「光秀・利三・頼辰」の説得によりついに応諾せざるをえない状況である。

『石谷家文書』所収の発給年が記されていない次の二通の書状に関して、藤田達生氏は、天正十年に出されたものとしている。

一通目は、二月二十三日付で義昭の側近真木島昭光《まきしまあきみつ》が石谷光政に宛てた書状である（『石谷家文書』一三）。その内容は、「土佐国の長宗我部氏と伊予国の河野《こうの》氏との和談に関しては毛利輝元《もうりてるもと》から申し入れがあった。元親に御内書《ごないしょ》が下された。義昭が帰洛できるように奔走するのがもっともである。」と記している。状況を考えるならば、真木島昭光が長宗我部元親の近くにいる石谷光政に対して、義昭が帰洛できるように元親に取り成しを依頼していることが分かる。したがって、本能寺の変後、長宗我部氏のもとに寄寓している光政に依頼したとみられ『石谷家文書』の比定のとおり、十一年とするのが穏当である。桑名洋一氏・平井上総氏・中平啓介氏も十一年に比定する（巻末）。

二通目は、五月十一日付で真木島昭光が石谷頼辰に出したもので、本文中に「其元御在国」とあることから、これも十一年と考えられる。桑名氏・中平氏も十一年とする。

藤田氏は、この二通をもって、石谷氏を介してその内容が主君光秀に伝えられたとみることも十分可能とし、義昭が光秀に対して上洛戦に協力すること、すなわちクーデターを命じることができたと主張している。さらに飛躍して、光秀は、義昭からアプローチを受けつつ信長と元親との交渉を見届け、直後にクーデターに及んだとみている。両通は十一年と考えられるのでこの見解は、根本的に成り立たないと思われる。仮に一年に発給されたとしても、どこにも光秀の関与は触れられていない。

かくして、織田政権と長宗我部氏との関係は、当初光秀が取次として活動していた。長宗我部氏は信長の信任を得て、阿波国に進出するが、天正九年頃から、信長の路線変更があったのではなかろうか。信長主導のもと三好康長を中核として四国政策を推進し、長宗我部氏の進攻に対応したのである。「明智―長宗我部ライン」は、利三・頼辰を介して維持され信長の意向に従うように説得を続けていた。ただし、光秀側は、信長の四国への軍事政策の主戦から外れていて、蚊帳《かや》の外といったところである。

秀吉が長宗我部氏に対して発言力を有し、軍事力も示している。実際に淡路や阿波にも軍勢を出している。

キーワード

キーワードは、「計画性がないこと」と「謀叛《むほん》随一」という二つである。

まず、襲撃の黒幕が存在しないこと、さらに光秀には計画性はないと考えられる。天正八年の八上城攻めの際の細部にわたる指示などにみられるように光秀は、緻密で計画的で冷静に事を運ぶ人物である。ところが、信長襲撃の直後に美濃国西尾光教《にしおみつのり》に宛てた光秀の書状に示されるように非常に場当たり的で光秀らしさが感じられない。変後に光秀から細川父子に送られた書状で「我等《われら》不慮の儀」であったと記しており、思いがけないできごとであり、計画性がなかったことが分かる。

光秀の緻密な分析力からすれば、信長没後に秀吉等と対戦しても勝機がないことは、十分に理解できていたと思う。それでも、光秀が行動を起こした理由は何だったのだろうか。

天正八年に佐久間父子・林秀貞・安藤父子が相次いで排除されたのである。光秀の脳裏には、次は自分の番ということも想定したのではなかろうか。これまで、長宗我部氏との取次として活動していた光秀であったが、四国政策については、信長の主導のもと三好康長を中心に展開されるようになった。秀吉の軍勢も淡路などを攻撃している。変直前の光秀は中国地方に出陣予定であり、秀吉軍の援軍としての性格を帯びている。したがって、光秀の立場は、四国・中国の両政策において主流から外れているのである。光秀の能力のはるか先にいるのが秀吉である。秀吉の存在は、光秀にとって脅威であったことは間違いない。これまで、出世街道を邁進してきた光秀にとって、佐久間父子のようにいよいよ粛清の時期が到来するのかという考えが浮かんだのではないか。

本能寺の変直前に長宗我部氏側が信長に従うことを決めたのであり、受諾を知らせる元親から利三への書状の内容を光秀らが知らなかったとみられる。いずれは、長宗我部氏に加担した罪という理由によって処分の対象になるのではないかという焦燥感にも駆られたのであろう。仮に、元親の書状が、利三を経て石谷家に伝わったとして、元親の翻意の情報が信長襲撃前に光秀に伝わっていたならば、クーデターという色彩が濃くなるがこの点については想像の範囲を越えない。

「謀叛随一」というキーワードについて触れたい。吉田兼和は、六月七日に光秀から謀《む》叛《ほん》の理由を聞いている。その内容は、斎藤利三が「謀叛随一」ということであろう。兼和を通じて公家《くげ》衆に伝わったのであろう。公家衆の記録には、「かれなと信長打談合衆也」「今度謀叛随一也」と記されていて利三を首謀者としているのである。したがって、計画性のない無謀な戦いを強力に推し進め、光秀の気持ちを後押ししたのは、斎藤利三ではないかと考えられる。利三としても、兄石谷頼辰の縁戚を保護するためにも信長の排除が必要になったのであろう。

光秀と利三の共通する謀叛決行の思いとして知られるのが、『稲葉家譜《かふ》』『本朝通鑑《ほんちようつがん》続編』などに記されている内容である。元々稲葉一鉄に属していた斎藤利三をめぐって、一鉄側からの訴えを受けて信長が、光秀に返還を命じた事を拒否した光秀を折檻したというものである。この話が事実であるならば、光秀や利三は、信長に反感を抱いており、信長襲撃の要因となったという見解も成り立つのではなかろうか。

名立たる衝撃的な事件「本能寺の変」——エピローグ

高柳光寿・桑田忠親の両氏による『明智光秀』が上梓されて以降、新史料の発見等により明智光秀の日々の行動の実態がより鮮明になってきた。

本著『明智光秀の生涯』では、先行研究を踏まえて、光秀の事績について、織田信長《おだのぶなが》に仕える以前の足取りから、足利義昭《あしかがよしあき》そして信長の家臣となり、政権の枢要として躍動した姿を改めて振り返ってきた。

信長の家臣の中で、素性が不明確な人物は多数いた。むしろ、細川《ほそかわ》（長岡《ながおか》）藤孝《ふじたか》のように生い立ちが分かる方が稀有と言っても過言ではなかろう。光秀も不確かな人物の一人である。状況証拠からして、光秀は美濃《みの》国との縁があり、ついで越前朝倉《えちぜんあさくら》氏との連接があったことは間違いない。しかし、一次史料によって、その活動の様子を明確にすることは現状ではできない。新たな史料の登場を待ちたい。

有象無象の雑多な人々の集合体である織田家臣団の中から、二人の人物がその才覚によって抜け出し「トップスター」となった。その一人が豊臣《とよとみ》（羽柴《はしば》）秀吉《ひでよし》で、もう一人が光秀である。

光秀は、早くも永禄十二年（一五六九）の段階で、京都周辺の行政事務を担当するなど抜群の事務遂行能力を発揮した。その能力は「京都代官」としても生かされた。天正八年（一五八〇）の大和国《やまと》の検地《けんち》では、迅速かつ厳格な姿勢で短期的に処置を済ませている。行政官としても秀でたものがあった。

武人としてもその資質が多分に備わっていた。元亀二年（一五七一）の比叡山《ひえいざん》攻撃の功績により志賀郡を得ている。爾後、戦陣において、数々の軍功を上げることになった。光秀の緻密な姿勢は戦闘にも生かされた。戦場では、敵軍を殲滅させるため、非情な姿勢で臨んだ。光秀は戦時において細密に戦況を報告し、最高指揮官信長の判断を適宜仰ぎ、信長の意のままに戦闘を適切に遂行するなど幕僚として秀逸な能力を示した。情報を制す者は戦闘を制すことは改めて述べるまでもない。

まさに光秀の軌跡は、「サクセスストーリー」を地で行くものであった。ただし「サクセスストーリー」と言うと、いかにも目標を定めてそこに突き進む意味が内包されているように思われるが、光秀に立身出世という宿願があったのであろうか。

光秀は、近江坂本《おうみさかもと》と丹波《たんば》における領国経営を展開し、その周縁である丹後《たんご》、大和も委任され、織田政権の分国《ぶんこく》支配に寄与した。中央方面司令官として、近江衆・丹波衆・山城《やましろ》衆・大和衆・丹後衆等を軍事指揮下に置いた。

そして、織田家重臣としての「明智家」が確立されてきた。光秀は、連歌《れんが》・茶の湯を積極的に嗜むなど当代を代表する文化人であったが、家臣達も挙って文芸活動に精進した。文化的にも明智家は、「マチュア」な状況であった。

かくして、光秀の領国支配・軍事編制や文化集団「明智家」等の事例を勘案するならば、戦国大名並みの様相を呈してきたのではなかろうか。

光秀は、明智家の行末を息子の十五郎光慶《みつよし》と自然に託したのであろう。たとえば天正八年の初釜では嫡男光慶に、同九年の会では別の男子である自然（日然）が津田宗及《つだそうぎゅう》に対して小袖《こそで》を下賜することで明智家の次の時代を明示したものと思われる。また、同年四月に丹後国の長岡藤孝父子の許に光秀が里村紹巴《さとむらじょうは》・津田宗及・山上宗二《やまのうえそうじ》といった当代最高の文化人を伴って訪れ、盛大な歓待を受けた際には、次代を担う二人の息子も帯同している。光慶は、光秀が関わった連歌会に度々参会していた。その最後の連歌会となったのが、信長襲撃直前の天正十年五月二十八日の愛宕山威徳院《あたごやまいとくいん》の会である。光秀が発句を詠み会が始まり、光慶が挙句を詠み会を終わらせている。まさに明智家の当代光秀から次代光慶を示すものである。

信長の両輪である秀吉と光秀を単純に比較するならば、秀吉の方が、情報収集能力・信長に対する「パフォーマンス力」がはるかに長けていたと思う。そして、何よりも、羽柴《はしば》長秀《ながひで》・黒田官兵衛孝高《くろだかんべえよしたか》という人望がある家臣が配下にいたのである。殊に官兵衛は、秀吉の右腕として、諸方面にわたって活躍したわけであり、この点からしても秀吉と光秀の大きな差にもなったのであろう。

ところで、信長襲撃に関する朝廷や義昭の関与については、明確に証明できる一次史料が提示されない限り、存在しない。その暗殺の機会は偶然にもたらされた「ワンチャンス」であったと思う。決して計画性などはない。あるとするならば、武将としての論理である。

「本能寺《ほんのうじ》の変」は信長襲撃という日本の歴史上でも著名な衝撃的な事件である。しかし、主君殺しという権力闘争は、人類史上、洋の東西・時代の古今を問わず度々引き起こされてきた。光秀の行為は、決して斬新なことでもない。

戦国大名の軍事国家は、主に家中粛清によって構築された。「王殺し」を含めて、粛清は戦国大名の権力や権威の源泉であり、家中粛清は常道という鍛代敏雄氏の指摘がある（鍛代巻末）。そして鍛代氏は、織田信長や足利《あしかが》義輝《よしてる》の横死をことさらに取り扱うこともないと言う。私もそのように思う。「王殺し」は、度々発生していた。六代将軍足利義教《よしのり》・十三代将軍足利義輝・三河《みかわ》国松平清康《まつだいらきよやす》の暗殺などがその例であろう。

また、織田信長の家臣粛清については、谷口克広氏により詳細な研究がなされている。信長は、佐久間信盛《さくまのぶもり》をはじめとして多くの家臣を粛清してきた。

粛清には、主君として、台頭してくる者の排除と不要な家臣の処分がある。谷口克広氏の研究によると、信長は猜疑心が強く、執念深いとされる。それが故、粛清と反逆が繰り返された。これに上手に対応できたのが秀吉であろう。むろん秀吉とて安泰ではなかったと思うが、信長の家臣たちはそれぞれ処分されることを想定していたことは間違いない。天正八年の佐久間信盛ら主要家臣の粛清後、四国政策の転換と秀吉の実力の伸展があり、光秀の心は動揺していたと思う。怯えていたのかも知れない。

信長の光秀に対する見方としては、二つの側面があったと思料する。一つは、光秀の実力の限界に伴う不要論である（ここには、仕事をやり終えた光秀をもうこれ以上は不要に思う気持ちが込められる）。もう一つは、実力を蓄えた「明智家」を脅威と捉え、排除すべきものと考えた点である。光秀は、この二点について十分に察知していたと思う。

本論では触れなかったが、谷口克広氏は、信長襲撃の時の光秀の年齢を六十七歳とし、わずか十三歳程度の嫡男たちが自分が追放ないし討死《うちじに》した場合の行く末を案じていたと指摘している。そして、変の七日後に光秀が長岡藤孝に送った書状で「畿内《きない》・近国が治まったなら、自分は隠居をして、後は十五郎や忠興《ただおき》に任せよう」という内容は、案外と光秀の心情を吐露しているのではないかとし、信長に代わって政権を左右するなどという野心はなかっただろうと述べている。

私は、光秀の享年については、五十五歳以上と仮定している。六十七歳であったかは不明であるが、いずれにしても老境に達していたことは間違いないだろう。先述のように、光秀は、光慶と自然たちに後のことを託しており、襲撃に際して、「明智家」の行く末をも考慮しての決起であったことは十分に考えられる。

逡巡する光秀の気持ちをあと押ししたのが斎藤利三《さいとうとしみつ》なのであろう。光秀が藤孝に送った書状中の「我等《われら》不慮の儀」は、思いもよらないもので、生真面目な光秀が大胆なことを仕出かしたのである。

ただし、光秀にとって主君信長の暗殺は、武人としての行為の範疇内である。理知的な人物ではあるが、八上城攻めに見られるように冷徹で残忍な一面を有している。主君襲撃を躊躇しつつも、淡々と事を進めたのではなかろうか。

歴史学の範疇を越えて私見を述べるならば、光秀には、天下を取るという野望が多少なりともあったような気がする。

あとがき

明智光秀に関する執筆について、吉川弘文館編集部の堤崇志さんからお話をいただいた際、逡巡した。高柳光寿・桑田忠親両先生が既に『明智光秀』を上梓されており、自分には荷が重いと思った。しかし、執筆することが何か責務のような気もした。鬼籍に入っている恩師の言葉が脳裏をかすめたのである。

渋谷の岡の大學では、四年間、日本史研究会近世史部会（信長公記研究会）に所属し、『信長公記』や奥野高広先生の『織田信長文書の研究』をベースに織田政権の研究を中心に戦国・織豊期の政治・文化について遊学した。毎日昼休みには、『文書の研究』等の講読を行い、週に一回の研究会、夏・春の合宿もあった。研究会は、大変ハードであり、志半ばで去っていく者も散見された。でも、自分は、辞めようとは思わなかった。それは、幼少から触れてきた歴史学の勉強を続けたかったからである。小学校の時に担任の先生に勧められて海音寺潮五郎さんの原作による大河ドラマ「風と雲と虹と」を視聴して感動した。原作の『海と風と虹と』も素晴らしい構成であったことを憶えている。

爾来、数々の歴史関係の書籍を手にした。高校生の時は、中公新書や岩波新書の歴史概説書の多くに接した。芥川龍之介・谷崎潤一郎・川端康成等の明治時代以降の著名な文学作品についてもひと通り目を通した。

國學院大學では、史学科ではなく文学科で日本文学を専攻した。歴史学の勉強をしたのは、日本史研究会においてである。研究会では、明確な一次史料の集積に基づく、正確な歴史事実の再現を図ることに主眼が置かれていた。一つ一つの史料を丁寧に読み取り、誤った解釈については、徹底的に排除された。この作業方法は、歴史学の基本中の基本であることは改めて述べるまでもない。今回、光秀の生涯を執筆していて、どうしてそこまで勝手に史料を操作してしまうのか、史料を自分のストーリーの中に落とし込んでしまうのかと思われる研究者が存在することを再認識した。

卒業論文は、「『言継卿記』より見たる戦国公家の文芸」という題目で、戦国織豊期の公家社会の文芸活動について小文を認めた。提出先は文学科ではなく史学科である。実は、高校三年生の時に、渋谷の大學を勧めてくれたのは、新任間もない日本史の先生だった。

史学科に行っても就職に困るから国語の教員免許を取っておいた方が良い。同大學は文学科の場合、史学科に卒論を出せるということを教えてくれた。結局その先生と同じ院友になっていた。今の自分の年齢から考えると、その先生は随分の若造といったところであるが、本当に適切なアドバイスを貰ったと思う。

大学院は、日本史学専攻に進んだ。豊臣秀次の文芸活動を中心に豊臣文化について研究した。指導教授の米原正義先生からは、戦国織豊期の文芸活動について薫陶を受けた。何よりも誠実で熱く歴史学に取り組む師の研究姿勢は、いまだもって憧れである。師の著作『出雲尼子一族』が吉川弘文館から再刊された際に、「出雲尼子一族を読む」という拙文を寄稿させていただいた。おそらく先生は、的外れなことを書いていると思いつつも、やさしく声を掛けて下さるのではないかと想定している。

また、師の盟友下村效先生には、鋭い史料の解釈力を教授していただいた。でも頭の悪い自分は先生の教えを何パーセント理解できたことやら。

以上のような皆様の学恩に応えるためにも、光秀の生涯について書かせて貰おうと決心した次第である。信長の横死の歳を越え、光秀の享年にも近いかもしれない小生が、何か描けるかもしれないと感じた。

既出の史料をもとに新たな史料を加味して光秀の履歴を再検証することにした。あまり顧みられることのない文芸の側面からも光秀の立ち位置を探ってみようと思った。

光秀は、織田信長の名幕僚として活躍し、部隊指揮官としての能力に秀で、行政官として迅速かつ厳格な姿勢で臨んでいた。分国領主としても適切に支配を執行していた。武将として戦陣においては、冷徹なまでに敵軍に対処していた。また、文芸の面から確認するならば光秀は武家文人としても信長家臣団の中でも随一であり、明智家も誇り高き文化集団を形成していた。

それでも、役者秀吉、そしてその右腕官兵衛には勝てなかった。

もし、私が作家ならば次のように書くかもしれない。「信長、秀吉、何するものぞ。明智家こそが、由緒正しい家柄だ。我こそが、天下をめざすものぞ」と。過言であろう。

編集部の堤さん・高尾すずこさん、そして日本史研究会の後輩でもある営業部の久我貴英君には、大変お世話になった。この場を借りて御礼申し上げたい。

二〇一九年九月

諏 訪 勝 則

主要参考文献

史　料

『増訂織田信長文書の研究』上・下・補遺（奥野高廣著、吉川弘文館、一九八八年）→『信長文書』
『信長公記』（太田牛一著、奥野高廣・岩沢愿彦校注、角川書店、一九六九年）→『公記』
『言継卿記』（山科言継著、国書刊行会編、太洋社、一九四一年）→『言継』
『言経卿記』（山科言経著、東京大学史料編纂所編、岩波書店、一九五九〜九一年）→『言経』
『多門院日記』（多門院英俊他著、辻善之助編、角川書店、一九六七年）→『多聞院』
『兼見卿記』（吉田兼見著、斎木一馬・染谷光廣校訂、続群書類従完成会、一九七一年）→『兼見』
『津田宗及茶湯日記　他会記』（津田宗及著、永島福太郎編、淡交社、一九五六年）→『他会記』
『津田宗及茶湯日記　自会記』（津田宗及著、永島福太郎編、淡交社、一九五六年）→『自会記』
『天正十年夏記』（勧修寺晴豊著、立花京子著『信長権力と朝廷』所収、岩田書院、二〇〇〇年）
『イエズス会日本年報』（村上直次郎訳、雄松堂書店、一九六六年）
『日本史』（フロイス著、松田毅一・川崎桃太訳、中央公論社、一九八一年）
『綿考輯録』一（石田晴夫・今谷明・土田将雄編、出水神社発行、汲古書院、一九八八年）
『立入左京亮入道隆佐記』（『続群書類従』二十輯所収）
藤田達生・福島克彦編『明智光秀—史料で読む戦国史—』八木書店、二〇一五年→『明智史料』

著書・論文

浅利尚民・内池英樹編『石谷家文書　将軍側近のみた戦国乱世』（吉川弘文館、二〇一五年）
今谷　明『言継卿記　公家社会と町衆文化の接点』（そしえて、一九八〇年、同『戦国時代の貴族』講談社〈講談社学術文庫〉、二〇〇二年再刊）
井上　優「『淡海温故録』の明智光秀出生地異伝と現地伝承について」（滋賀県立琵琶湖文化館『研究紀要』三五、二〇一九年）
奥野高広『足利義昭』（吉川弘文館〈人物叢書〉、一九六〇年）
奥野高広「明智光秀の初舞台」（『日本歴史』三五六、一九七八年）
尾下成敏「羽柴秀吉の淡路・阿波出兵」（『ヒストリア』二一四、二〇〇九年）
小和田哲男『豊臣秀次』（ＰＨＰ研究所、二〇〇二年）
鍛代敏雄『戦国大名の正体』（中央公論新社〈中公新書〉、二〇一五年）
黒嶋　敏「「光源院殿御代当参衆並足軽以下衆覚」を読む―足利義昭の政権構想―」（『東京大学史料編纂所研究紀要』一四、二〇〇四年、同『中世の権力と列島』高志書院、二〇一二年に再録）
桑田忠親『織田信長』（角川書店、一九六四年）
桑田忠親『明智光秀』（新人物往来社、一九七三年）
桑名洋一「天正期芸土予提携に関する一考察―石谷家文書を基に―」（『伊予史談』三八一、二〇一六年）
柴　裕之編『明智光秀』（戎光祥出版〈シリーズ・織豊大名の研究〉、二〇一九年）

諏訪勝則「織豊政権と三好康長―信孝・秀次の養子入りをめぐって―」（米原正義先生古希記念論文集刊行会編『戦国織豊期の政治と文化』、続群書類従刊行会、一九九三年、『阿波三好氏』〈戦国大名と国衆〉、岩田書院、二〇一二年に再録）
諏訪勝則「関白秀次の文芸政策」（『栃木史学』九、一九九五年）
諏訪勝則『黒田官兵衛』（中央公論新社〈中公新書〉、二〇一三年）
諏訪勝則『古田織部』（中央公論新社〈中公新書〉、二〇一六年）
高柳光寿『明智光秀』（吉川弘文館〈人物叢書〉、一九五八年）
立花京子『信長権力と朝廷』（岩田書店、二〇〇〇年）
谷口克広『織田信長家臣人名辞典』（吉川弘文館、初版＝一九九五年、第二版＝二〇一〇年）
谷口克広『信長軍の司令官』（中央公論新社〈中公新書〉、二〇〇五年）
谷口克広『検証　本能寺の変』（吉川弘文館〈歴史文化ライブラリー〉、二〇〇七年）
谷口克広『信長と消えた家臣たち』（中央公論新社〈中公新書〉、二〇〇七年）
長　節子「所謂「永禄六年諸役人附」について」（『史学文学』四―一、一九六二年）
中平景介「予土和睦と芸土入魂―天正十一年における毛利・長宗我部関係を中心に―」（『四国中世史研究』一四、二〇一七年）
野口　隆「『明智軍記』の光秀没年」（『大阪学院大学　人文自然論叢』七三・七四、二〇一七年）
早島大祐「「戒和上昔今禄」と織田政権の寺社訴訟制度」（『史窓』七四号、二〇一七年）
平井上総編『長宗我部元親』（戎光祥出版、〈シリーズ・織豊大名の研究〉、二〇一四年）

福尾猛市郎「羽柴秀吉と兵庫・三田両城」(『兵庫県の歴史』10、一九七三年)
福島克彦『明智光秀と近江・丹波』(サンライズ出版、二〇一九年)
藤井譲治編『織豊期主要人物居所集成』(思文閣出版、二〇一一年)
藤田達生『証言　本能寺の変』(八木書店、二〇一〇年)
藤田恒春『豊臣秀次』(吉川弘文館〈人物叢書〉、二〇一五年)
二木謙一編『明智光秀のすべて』(新人物往来社、一九九四年、米原正義「文化人としての明智光秀」所収)
堀　新「明智光秀「家中軍法」をめぐって」(山本博文編『法令・人事から見た近世政策決定システムの研究』東京大学史料編纂所研究成果報告、二〇一五年)
堀越祐一「文禄期における豊臣蔵入地——関白秀次蔵入地を中心に——」(『国史学』一一七、二〇〇二年、同『豊臣政権の権力構造』吉川弘文館、二〇一六年に再録)
三宅唯美「室町幕府奉公衆土岐明智氏の基礎的整理」(『愛知考古学談話会マージナル』九、一九八八年)
村井祐樹「幻の信長上洛作戦」(『古文書研究』七八、二〇一四年)
山本博文『続日曜日の歴史学』(東京堂出版、二〇一三年)
米原正義『出雲尼子一族』(新人物往来社、一九六七年、吉川弘文館〈読みなおす日本史〉、二〇一五年再刊)
米原正義『戦国武士と文芸の研究』(桜楓社、一九七六年)

米原正義『天下一名人　千利休』（淡交社、一九九三年）
米原正義『戦国武将と茶の湯』（淡交社、一九八六年、吉川弘文館〈読みなおす日本史〉、二〇一四年再刊）
米原正義編『細川幽歳・忠興のすべて』（新人物往来社、二〇〇〇年）

略年譜

年号	西暦	事項
永禄十一年	一五六八	十一月十五日、明院良政・細川藤孝らと連歌を詠む。
永禄十二年	一五六九	正月、三好三人衆の本圀寺における足利義昭襲撃に対して、守備側として働く。 四月以降、木下秀吉らと京都およびその周辺の支配を担当する。
永禄十三年／元亀元年	一五七〇	四月二十日、若狭国熊川に着陣する。 五月、若狭方面に進軍する。 九月、近江国穴太の砦を構築する。ついで山城国将軍山に詰める。 十一月、近江国宇佐山城に詰める。
元亀二年	一五七一	正月、義昭と信長の間に隙間が生ずる。信長、条書を義昭に承認させる。光秀、仲介役になる。 九月、信長軍の比叡山攻撃に参加、武功を上げる。ついで近江国志賀郡を与えられ、坂本城の構築に着手する。 十一月、光秀ら、信長の意を受けて、京都の町に米を貸し、利息を禁裏の供御米に宛てる作業を行う。 十二月、この頃将軍義昭に暇乞いを申し出る。
元亀三年	一五七二	三月、志賀郡へ出陣。和迩に陣を据える。木戸・田中に砦を構築するように命令される。 四月、河内国へ出陣する。 七月、江北に出陣。湖上から攻撃軍を指揮する。

元亀四年／天正元年	一五七三	二月、将軍義昭に呼応して挙兵した光浄院らを今堅田に攻める。 六月、吉田兼和、坂本城の竣工中の天主等を見物する。 七月十六日、槙島城に籠る足利義昭攻撃に参加する。 八月、朝倉氏攻略後の越前国の戦後処理を行なう。 この年、村井貞勝とともに京都代官として治政にあたる。天正三年まで続けられる。
天正二年	一五七四	正月、大和国多聞山城に城番として入る。 七月二十七日、摂津方面攻めの際に信長に状況を報告した内容を絶賛される。 九月十八日、河内国飯盛山で一揆勢に対処する。 十月、河内国高屋表に出陣し、二十九日、塙直政らと誉田八幡宮に禁制を出す。 閏十一月二日、坂本城で長岡藤孝の発句による連歌会を催す。
天正三年	一五七五	四月、河内に出陣する。 七月三日、「惟任」の名字と「日向守」の官途を与えられる。 七月二十四日、宇津氏攻撃のため船井郡桐野河内に着陣する。 八月、越前国に出陣する。 九月、丹波方面に出陣を命じられる。二十三日に越前から大津に戻り、これ以降丹波に赴く。 十月、信長と長宗我部氏との取次を開始する。 十一月、丹波国の荻野直政の居城黒井城を包囲する。
天正四年	一五七六	正月、再度、丹波国黒井城を攻撃する。八上城の波多野秀治の離反のため、明智方は丹波から退去する。 二月十八日、再び、丹波に出陣する。

		四月十四日、荒木村重らとともに本願寺攻めを命じられる。河内方面に出陣する。 五月三日、本願寺勢力の攻撃により大敗する。天王寺砦を攻囲されるも、窮地を脱する。 五月二十三日、病気のため帰京し、曲直瀬道三から治療を受ける。 十一月七日、光秀の妻が死去する（妻の「妻木氏」か）。
天正五年	一五七七	二月、雑賀攻めに従軍する。 三月、紀伊雑賀の鈴木孫一を攻撃する。 十月一日、大和片岡城を落城させる。同十日には、信貴山城の松永久秀を自害させる。 十一月、丹波国籾井城などを攻略する。
天正六年	一五七八	正月十一日、信長から拝領した茶の湯道具を用いての茶会が開かれる。天正十年まで毎年行われる。 四月四日、摂津国大坂に出陣する。 四月十日、荒木氏綱の守る丹波国細工所城を攻める。 五月、播磨方面に出陣する。 六月、播磨国神吉・志方城を攻撃する。 八月、娘玉（ガラシヤ）を長岡忠興に嫁がせる。 十一月九日、摂津に出陣する。離反した有岡城の荒木村重を攻める。 十一月、小畠氏に丹波国亀山城の普請に関して諸事を指示する。 十二月、摂津三田城攻撃の後、丹波八上城を包囲する。
天正七年	一五七九	二月十八日、丹波国亀山に出陣する。 六月、八上城が落城する。波多野秀治らを安土に移送する。

		七月、宇津城を攻略する。宇津頼重は逃散する。 八月、丹波国黒井城を陥落させる。 十月二十四日、信長に丹波・丹後の平定の報告のため、安土城に赴く。 十一月、摂津国有岡城攻略戦に参戦する。
天正八年	一五八〇	二月十三日、丹波国丁寧寺に対し旧規を認める。 閏三月、坂本城を修築する。 六月、信長と長宗我部元親との取次をする。 七月、丹波国宮田市場の保護と統制を明示する。 九月、大和国全般の検地の上使として現地に赴く。
天正九年	一五八一	正月十三日、信長より、馬揃えの準備を任される。 二月二十八日、大和・山城衆を従えて馬揃えに臨む。 四月十二日、丹後宮津において、長岡藤孝・里村紹巴らと連歌等を楽しむ。 六月、丹波国内の城破りを命じる。 八月、妹「ツマキ」（信長の側室）が死去する。 十二月四日、家中法度を定める。 この年、長岡藤孝とともに丹後国における検地を実施する。
天正十年	一五八二	正月、年頭の挨拶として安土に赴く。この頃、斎藤利三・石谷頼辰を介して長宗我部元親に信長に従うように説得している。 三月、甲斐武田氏攻略戦に従う。 五月十五日～十七日、徳川家康の饗応役を命じられる。ついで西国出陣の準備のため坂本城に戻る。

		五月二十六日、丹波国亀山城に入る。同二十八日、愛宕山、威徳院にて百韻連歌を興行する。 六月二日、信長父子を襲撃する（本能寺の変）。 六月五日、安土城に入る。七日、同城にて勅使の吉田兼和と面会する。 六月九日、京都に入り、朝廷や寺社に銀子を贈る。兼和と面会後、下鳥羽に向かう。この頃、長岡藤孝・筒井順慶に参陣を求めるが同意を得られない状況。 六月十三日、山城国山崎で羽柴秀吉・織田信孝らの軍勢と戦い敗北する。小栗栖において村人による一揆勢の襲撃により、自害する。 六月十四日、坂本城が落城する。

著者略歴

一九六五年、神奈川県に生まれる
一九九〇年、國學院大學大学院文学研究科日本史学専攻修士課程修了
現在、陸上自衛隊高等工科学校教官

〔主要著書〕
『戦国織豊期の政治と文芸』（葵印刷工業、一九九六年）
『黒田官兵衛―「天下を狙った軍師」の実像―』（中央公論新社、二〇一三年）
『古田織部―美の革命を起こした武家茶人―』（中央公論新社、二〇一六年）

歴史文化ライブラリー
490

明智光秀の生涯

二〇一九年(令和元)十二月一日　第一刷発行
二〇一九年(令和元)十二月十日　第二刷発行

著　者　諏《す》訪《わ》勝《まさ》則《のり》
発行者　吉川道郎
発行所　株式会社 吉川弘文館
東京都文京区本郷七丁目二番八号
郵便番号一一三―〇〇三三
電話〇三―三八一三―九一五一〈代表〉
振替口座〇〇一〇〇―五―二四四
http://www.yoshikawa-k.co.jp/
印刷＝株式会社 平文社
製本＝ナショナル製本協同組合
装幀＝清水良洋・陳湘婷

ISBN978-4-642-05890-2

歴史文化ライブラリー

1996. 10

刊行のことば

現今の日本および国際社会は、さまざまな面で大変動の時代を迎えておりますが、近づきつつある二十一世紀は人類史の到達点として、物質的な繁栄のみならず文化や自然・社会環境を謳歌できる平和な社会でなければなりません。しかしながら高度成長・技術革新にともなう急激な変貌は「自己本位な刹那主義」の風潮を生みだし、先人が築いてきた歴史や文化に学ぶ余裕もなく、いまだ明るい人類の将来が展望できていないようにも見えます。このような状況を踏まえ、よりよい二十一世紀社会を築くために、人類誕生から現在に至る「人類の遺産・教訓」としてのあらゆる分野の歴史と文化を「歴史文化ライブラリー」として刊行することといたしました。

小社は、安政四年（一八五七）の創業以来、一貫して歴史学を中心とした専門出版社として書籍を刊行しつづけてまいりました。その経験を生かし、学問成果にもとづいた本叢書を刊行し社会的要請に応えて行きたいと考えております。

現代は、マスメディアが発達した高度情報化社会といわれますが、私どもはあくまでも活字を主体とした出版こそ、ものの本質を考える基礎と信じ、本叢書をとおして社会に訴えてまいりたいと思います。これから生まれでる一冊一冊が、それぞれの読者を知的冒険の旅へと誘い、希望に満ちた人類の未来を構築する糧となれば幸いです。

吉川弘文館

歴史文化ライブラリー

中世史

歴史文化ライブラリー

徳川家康と武田氏 信玄・勝頼との十四年戦争——本多隆成
戦国大名の兵粮事情——久保健一郎
戦乱の中の情報伝達 使者がつなぐ中世京都と在地——酒井紀美
戦国時代の足利将軍——山田康弘
室町将軍の御台所 日野康子・重子・富子——田端泰子
名前と権力の中世史 室町将軍の朝廷戦略——水野智之
戦国貴族の生き残り戦略——岡野友彦
鉄砲と戦国合戦——宇田川武久
検証 長篠合戦——平山 優
織田信長と戦国の村 天下統一のための近江支配——深谷幸治
検証 本能寺の変——谷口克広
明智光秀の生涯——諏訪勝則
加藤清正 朝鮮侵略の実像——北島万次
落日の豊臣政権 秀吉の憂鬱、不穏な京都——河内将芳
豊臣秀頼——福田千鶴
偽りの外交使節 室町時代の日朝関係——橋本 雄
朝鮮人のみた中世日本——関 周一
ザビエルの同伴者 アンジロー 戦国時代の国際人——岸野 久
海賊たちの中世——金谷匡人
アジアのなかの戦国大名 西国の群雄と経営戦略——鹿毛敏夫
琉球王国と戦国大名 島津侵入までの半世紀——黒嶋 敏
天下統一とシルバーラッシュ 銀と戦国の流通革命——本多博之

近世史

細川忠利 ポスト戦国世代の国づくり——稲葉継陽
江戸の政権交代と武家屋敷——岩本 馨
江戸の町奉行——南 和男
江戸御留守居役 近世の外交官——笠谷和比古
検証 島原天草一揆——大橋幸泰
大名行列を解剖する 江戸の人材派遣——根岸茂夫
江戸大名の本家と分家——野口朋隆
〈甲賀忍者〉の実像——藤田和敏
江戸の武家名鑑 武鑑と出版競争——藤實久美子
江戸の出版統制 弾圧に翻弄された戯作者たち——佐藤至子
武士という身分 城下町萩の大名家臣団——森下 徹
旗本・御家人の就職事情——山本英貴
武士の奉公 本音と建前 江戸時代の出世と処世術——高野信治
宮中のシェフ、鶴をさばく 江戸時代の朝廷と庖丁道——西村慎太郎
馬と人の江戸時代——兼平賢治

歴史文化ライブラリー

犬と鷹の江戸時代 〈犬公方〉綱吉と〈鷹将軍〉吉宗——根崎光男
紀州藩主 徳川吉宗 明君伝説・宝永地震・隠密御用——藤本清二郎
近世の巨大地震——矢田俊文
江戸時代の孝行者 「孝義録」の世界——菅野則子
死者のはたらきと江戸時代 遺訓・家訓・辞世——深谷克己
近世の百姓世界——白川部達夫
闘いを記憶する百姓たち 江戸時代の裁判学習帳——八鍬友広
江戸の寺社めぐり 鎌倉・江ノ島・お伊勢さん——原 淳一郎
江戸のパスポート 旅の不安はどう解消されたか——柴田 純
〈身売り〉の日本史 人身売買から年季奉公へ——下重 清
江戸の捨て子たち その肖像——沢山美果子
江戸の乳と子ども いのちをつなぐ——沢山美果子
エトロフ島 つくられた国境——菊池勇夫
江戸時代の医師修業 学問・学統・遊学——海原 亮
江戸の流行り病 麻疹騒動はなぜ起こったのか——鈴木則子
江戸幕府の日本地図 国絵図・城絵図・日本図——川村博忠
江戸の地図屋さん 販売競争の舞台裏——俵 元昭
踏絵を踏んだキリシタン——安高啓明
墓石が語る江戸時代 大名・庶民の墓事情——関根達人
近世の仏教 華ひらく思想と文化——末木文美士
江戸時代の遊行聖——圭室文雄
松陰の本棚 幕末志士たちの読書ネットワーク——桐原健真
龍馬暗殺——桐野作人
幕末の世直し 万人の戦争状態——須田 努
幕末の海防戦略 異国船を隔離せよ——上白石 実
幕末の海軍 明治維新への航跡——神谷大介
海辺を行き交うお触れ書き 浦触の語る徳川情報網——水本邦彦
江戸の海外情報ネットワーク——岩下哲典

近・現代史

江戸無血開城 本当の功労者は誰か？——岩下哲典
五稜郭の戦い 蝦夷地の終焉——菊池勇夫
水戸学と明治維新——吉田俊純
大久保利通と明治維新——佐々木 克
旧幕臣の明治維新 沼津兵学校とその群像——樋口雄彦
刀の明治維新 「帯刀」は武士の特権か？——尾脇秀和
維新政府の密偵たち 御庭番と警察のあいだ——大日方純夫
京都に残った公家たち 華族の近代——刑部芳則
文明開化 失われた風俗——百瀬 響

歴史文化ライブラリー

- 西南戦争 戦争の大義と動員される民衆 ―― 猪飼隆明
- 大久保利通と東アジア 国家構想と外交戦略 ―― 勝田政治
- 明治の政治家と信仰 クリスチャン民権家の肖像 ―― 小川原正道
- 文明開化と差別 ―― 今西　一
- 大元帥と皇族軍人 明治編 ―― 小田部雄次
- 明治の皇室建築 国家が求めた〈和風〉像 ―― 小沢朝江
- 皇居の近現代史 開かれた皇室像の誕生 ―― 河西秀哉
- 明治神宮の出現 ―― 山口輝臣
- 神都物語 伊勢神宮の近現代史 ―― ジョン・ブリーン
- 陸軍参謀 川上操六 日清戦争の作戦指導者 ―― 大澤博明
- 日清・日露戦争と写真報道 戦場を駆ける写真師たち ―― 井上祐子
- 公園の誕生 ―― 小野良平
- 啄木短歌に時代を読む ―― 近藤典彦
- 鉄道忌避伝説の謎 汽車が来た町、来なかった町 ―― 青木栄一
- 軍隊を誘致せよ 陸海軍と都市形成 ―― 松下孝昭
- 家庭料理の近代 ―― 江原絢子
- お米と食の近代史 ―― 大豆生田　稔
- 日本酒の近現代史 酒造地の誕生 ―― 鈴木芳行
- 失業と救済の近代史 ―― 加瀬和俊
- 近代日本の就職難物語 「高等遊民」になるけれど ―― 町田祐一
- 選挙違反の歴史 ウラからみた日本の一〇〇年 ―― 季武嘉也
- 海外観光旅行の誕生 ―― 有山輝雄
- 関東大震災と戒厳令 ―― 松尾章一
- 昭和天皇とスポーツ 〈玉体〉の近代史 ―― 坂上康博
- 大元帥と皇族軍人 大正・昭和編 ―― 小田部雄次
- 海軍将校たちの太平洋戦争 ―― 手嶋泰伸
- 植民地建築紀行 満洲・朝鮮・台湾を歩く ―― 西澤泰彦
- 稲の大東亜共栄圏 帝国日本の〈緑の革命〉 ―― 藤原辰史
- 地図から消えた島々 幻の日本領と南洋探検家たち ―― 長谷川亮一
- 自由主義は戦争を止められるのか 芦田均・清沢洌・石橋湛山 ―― 上田美和
- モダン・ライフと戦争 スクリーンのなかの女性たち ―― 宜野座菜央見
- 彫刻と戦争の近代 ―― 平瀬礼太
- 軍用機の誕生 日本軍の航空戦略と技術開発 ―― 水沢　光
- 首都防空網と〈空都〉多摩 ―― 鈴木芳行
- 帝都防衛 戦争・災害・テロ ―― 土田宏成
- 陸軍登戸研究所と謀略戦 科学者たちの戦争 ―― 渡辺賢二
- 帝国日本の技術者たち ―― 沢井　実
- 〈いのち〉をめぐる近代史 堕胎から人工妊娠中絶へ ―― 岩田重則

歴史文化ライブラリー

強制された健康 日本ファシズム下の生命と身体——藤野　豊
戦争とハンセン病——藤野　豊
「自由の国」の報道統制 大戦下の日系ジャーナリズム——水野剛也
海外戦没者の戦後史 遺骨帰還と慰霊——浜井和史
学徒出陣 戦争と青春——蜷川壽惠
特攻隊の〈故郷〉 霞ヶ浦・筑波山・北浦・鹿島灘——伊藤純郎
沖縄戦　強制された「集団自決」——林　博史
陸軍中野学校と沖縄戦 知られざる少年兵「護郷隊」——川満　彰
沖縄からの本土爆撃 米軍出撃基地の誕生——林　博史
原爆ドーム 物産陳列館から広島平和記念碑へ——頴原澄子
米軍基地の歴史 世界ネットワークの形成と展開——林　博史
沖縄　占領下を生き抜く 軍用地・通貨・毒ガス——川平成雄
考証　東京裁判 戦争と戦後を読み解く——宇田川幸大
昭和天皇退位論のゆくえ——冨永　望
ふたつの憲法と日本人 戦前・戦後の憲法観——川口暁弘
鯨を生きる 鯨人の個人史・鯨食の同時代史——赤嶺　淳
文化財報道と新聞記者——中村俊介

文化史・誌

落書きに歴史をよむ——三上喜孝
霊場の思想——佐藤弘夫
跋扈《ばっこ》する怨霊 祟りと鎮魂の日本史——山田雄司
将門伝説の歴史——樋口州男
藤原鎌足、時空をかける 変身と再生の日本史——黒田　智
変貌する清盛 『平家物語』を書きかえる——樋口大祐
空海の文字とことば——岸田知子
日本禅宗の伝説と歴史——中尾良信
水墨画にあそぶ 禅僧たちの風雅——高橋範子
殺生と往生のあいだ 中世仏教と民衆生活——苅米一志
浦島太郎の日本史——三舟隆之
〈ものまね〉の歴史 仏教・笑い・芸能——石井公成
戒名のはなし——藤井正雄
墓と葬送のゆくえ——森　謙二
運　慶 その人と芸術——副島弘道
ほとけを造った人びと 止利仏師から運慶・快慶まで——根立研介
祇園祭 祝祭の京都——川嶋將生
洛中洛外図屏風 つくられた〈京都〉を読み解く——小島道裕
化粧の日本史 美意識の移りかわり——山村博美
乱舞の中世 白拍子・乱拍子・猿楽——沖本幸子

歴史文化ライブラリー

神社の本殿 建築にみる神の空間——三浦正幸
古建築を復元する 過去と現在の架け橋——海野 聡
大工道具の文明史 日本・中国・ヨーロッパの建築技術——渡邉 晶
苗字と名前の歴史——坂田 聡
日本人の姓・苗字・名前 人名に刻まれた歴史——大藤 修
数え方の日本史——三保忠夫
大相撲行司の世界——根間弘海
日本料理の歴史——熊倉功夫
吉兆 湯木貞一 料理の道——末廣幸代
日本の味 醤油の歴史——林 玲子・天野雅敏編
中世の喫茶文化 儀礼の茶から「茶の湯」へ——橋本素子
天皇の音楽史 古代・中世の帝王学——豊永聡美
流行歌の誕生 「カチューシャの唄」とその時代——永嶺重敏
話し言葉の日本史——野村剛史
「国語」という呪縛 国語から日本語へ、そして〇〇語へ——川口 良・角田史幸
柳宗悦と民藝の現在——松井 健
遊牧という文化 移動の生活戦略——松井 健
マザーグースと日本人——鷲津名都江
たたら製鉄の歴史——角田徳幸
金属が語る日本史 銭貨・日本刀・鉄炮——齋藤 努
書物と権力 中世文化の政治学——前田雅之
書物に魅せられた英国人 フランク・ホーレーと日本文化——横山 學
災害復興の日本史——安田政彦

民俗学・人類学

日本人の誕生 人類はるかなる旅——埴原和郎
倭人への道 人骨の謎を追って——中橋孝博
神々の原像 祭祀の小宇宙——新谷尚紀
役行者と修験道の歴史——宮家 準
幽霊 近世都市が生み出した化物——高岡弘幸
雑穀を旅する——増田昭子
川は誰のものか 人と環境の民俗学——菅 豊
名づけの民俗学 地名・人名はどう命名されてきたか——田中宣一
番と衆 日本社会の東と西——福田アジオ
記憶すること・記録すること 聞き書き論ノート——香月洋一郎
番茶と日本人——中村羊一郎
柳田国男 その生涯と思想——川田 稔

世界史

中国古代の貨幣 お金をめぐる人びとと暮らし——柿沼陽平

歴史文化ライブラリー

渤海国とは何か——古畑　徹
古代の琉球弧と東アジア——山里純一
アジアのなかの琉球王国——高良倉吉
琉球国の滅亡とハワイ移民——鳥越皓之
フランスの中世社会 王と貴族たちの軌跡——渡辺節夫
ヒトラーのニュルンベルク 第三帝国の光と闇——芝　健介
人権の思想史——浜林正夫
グローバル時代の世界史の読み方——宮崎正勝

考古学

タネをまく縄文人 最新科学が覆す農耕の起源——小畑弘己
農耕の起源を探る イネの来た道——宮本一夫
老人と子供の考古学——山田康弘
〈新〉弥生時代 五〇〇年早かった水田稲作——藤尾慎一郎
文明に抗した弥生の人びと——寺前直人
樹木と暮らす古代人 木製品が語る弥生・古墳時代——樋上　昇
古　墳——土生田純之
東国から読み解く古墳時代——若狭　徹
埋葬からみた古墳時代 女性・親族・王権——清家　章
神と死者の考古学 古代のまつりと信仰——笹生　衛
土木技術の古代史——青木　敬
国分寺の誕生 古代日本の国家プロジェクト——須田　勉
海底に眠る蒙古襲来 水中考古学の挑戦——池田榮史
銭の考古学——鈴木公雄

古代史

邪馬台国の滅亡 大和王権の征服戦争——若井敏明
日本語の誕生 古代の文字と表記——沖森卓也
日本国号の歴史——小林敏男
日本神話を語ろう イザナキ・イザナミの物語——中村修也
東アジアの日本書紀 歴史書の誕生——遠藤慶太
〈聖徳太子〉の誕生——大山誠一
倭国と渡来人 交錯する「内」と「外」——田中史生
大和の豪族と渡来人 葛城・蘇我氏と大伴・物部氏——加藤謙吉
白村江の真実 新羅王・金春秋の策略——中村修也
よみがえる古代山城 国際戦争と防衛ライン——向井一雄
よみがえる古代の港 古地形を復元する——石村　智
古代豪族と武士の誕生——森　公章
飛鳥の宮と藤原京 よみがえる古代王宮——林部　均
出雲国誕生——大橋泰夫

歴史文化ライブラリー

各冊一七〇〇円～二〇〇〇円（いずれも税別）
▽残部僅少の書目も掲載してあります。品切の節はご容赦下さい。
▽品切書目の一部について、オンデマンド版の販売も開始しました。
詳しくは出版図書目録、または小社ホームページをご覧下さい。